电液道岔转换设备使用与维护

太原国铁京丰装备技术股份有限公司　编

中国铁道出版社有限公司

2024年·北　京

内 容 简 介

本书全面系统地阐述了电液道岔转换设备的发展、特点、技术指标、结构、原理等，介绍了使用过程中的维护要求、故障判断及处理方法。书中引用了大量三维图片和实地图片，可视性强，便于读者理解。

本书可为铁路专业技术人员、使用人员提供技术支持，也可为业内相关人员了解电液道岔转换设备的应用提供参考。

图书在版编目(CIP)数据

电液道岔转换设备使用与维护/太原国铁京丰装备技术股份有限公司编. —北京:中国铁道出版社有限公司,2024.4

ISBN 978-7-113-30665-6

Ⅰ.①电… Ⅱ.①太… Ⅲ.①液压转辙机 Ⅳ.①U284.72

中国国家版本馆 CIP 数据核字(2023)第 206123 号

书　　名：**电液道岔转换设备使用与维护**

作　　者：太原国铁京丰装备技术股份有限公司

责任编辑：王　烁　　**编辑部电话**：(010)51873167　　**电子邮箱**：365958380@qq.com

封面设计：郑春鹏

责任校对：刘　畅

责任印制：樊启鹏

出版发行：中国铁道出版社有限公司(100054,北京市西城区右安门西街 8 号)

网　　址：http://www.tdpress.com

印　　刷：天津嘉恒印务有限公司

版　　次：2024 年 4 月第 1 版　2024 年 4 月第 1 次印刷

开　　本：787 mm×1 092 mm　1/16　**印张**：9.25　**字数**：202 千

书　　号：ISBN 978-7-113-30665-6

定　　价：55.00 元

编 委 会

编审人员分工

第一章

编写:谢根宝

审定:王国锋　范华伟　王永兴　赵建军　张金宝　郭相如

第二章

编写:施俊明

审定:边　衡　赵　健　苏程兴　侯月忠　闫瑞康　闫建忠　赵永军

张　峰　张　嵩　戚　瑛　闫俊峰　田晓琛

第三章

编写:赵永根

审定:张云飞　陈晋东　王　健　唐天翼　冯起斌　贺　尧　郭耀斌

苏　毅　张丽荣　郭晓凯　聂　豪　温旭宏　赵冬冬

第四章

编写:许剑财

审定:李志杰　李立文　赵　勇　韩小钢　王　玮　闫瑞康　李　艳

丁江江　王清勇　田永强　赵海星　马丽军　赵晓成

第五章

编写:谢根宝

审定:乔　治　周　岑　张晓栋　石瑞军　刘太钢　梁利军

第六章

编写:关朋海

审定:宋保玲　张权强　程　胜　郭朝宁　张伟栋　季　鹏

前言

电液道岔转换设备包括 ZY 系列电液转辙机及其配套的外锁闭装置、安装装置、密贴检查器，广泛应用于我国高速铁路和普速铁路，遍布各个铁路局集团公司，并出口伊朗、尼日利亚、巴基斯坦等国家，是我国道岔转换设备的自主研发产品，为促进国民经济发展和国家友好交往做出了贡献。

ZY 系列电液转辙机具有独立知识产权，历经数十年发展，型号众多，适应道岔能力较强，运用性能稳定，液压传动特点鲜明，设计和工艺不断改进，适应铁路发展的需要。

近年来，一些运用单位或个人以及自媒体，以 Word、PPT、视频等形式编写了电液道岔转换设备的培训资料，对于其个体是适合的，但不全面，缺乏系统性、时效性，尤其对设计改进后的部分介绍不足，因此迫切需要具有权威性、系统性的电液道岔转换设备资料。

本书邀请该设备共 60 余名设计人员、工艺人员参加撰写和编审，并经过相关运用单位铁路信号专业技术人员、相关院校专家的会审。中国铁路太原局集团有限公司电务部为本书提供了技术审核及建议。

本书全面系统地阐述了太原国铁京丰装备技术股份有限公司电液道岔转换设备的发展历程、特点、技术指标、结构、原理，介绍了使用过程中的维护要求、故障判断及处理方法。全书共分 6 章，第 1 章介绍电液道岔转换设备的发展历程、特点及技术指标；第 2 章介绍电液转辙机结构及原理，包括 ZY(J)4 型、ZY(J)6 型、ZY(J)7 型、ZY(J)G7 型、ZY(J)S7 型、ZY(J)9 型；第 3 章介绍安装装置和外锁闭装置，包括内锁闭道岔安装装置，外锁闭装置及安装装置，外锁闭装置的工作原理、安装及调试；第 4 章介绍电液道岔转换设备与工务道岔结合部有关技术指标和选型规范；第 5 章介绍电液道岔转换设备的日常维护；第 6 章介绍常见故障的判断和处理方法，包括电液转辙机常见故障、外锁闭装置和安装装置故障及处理方法、易损部件、部件更换方法。

本书力求全面、翔实、系统地介绍电液道岔转换设备的原理和结构，深入浅出地介绍日常使用中的维护方法和故障处理方法，依照总体结构、部件组成、工作原理、安装调试、日常维护、故障处理的模式依次陈述，引用了大量三维图片和实地图片，可视性强，便于读者理解。因此，本书既可为铁路专业技术人员、使用人员提供技术支持，也可为业内相关人员了解电液道岔转换设备的应用提供参考。

由于编者水平有限，书中难免有不妥之处，敬请读者斧正。

编　者

2023 年 8 月

目录

032_060 第 3 章 安装装置和外锁闭装置

第1章 综述

道岔是铁路线路上一种使机车车辆从一股道转入另一股道的线路连接设备,道岔开通哪一股道是由尖轨(或可动心轨)位置决定的。随着列车运行速度不断提高、轴重增加、行车密度加大,道岔不断发展,由早期 43 kg/m 钢轨 5 号、6 号道岔逐步发展到现在的 60 kg/m 钢轨 42 号、62 号道岔,及 75 kg/m 钢轨 18 号 30 t 轴重重载道岔。道岔有尖轨、可动心轨,这些可动部分是道岔的薄弱点,无论是在无车通过的状态还是在有车通过的状态,都需转换设备把可动部分锁闭在规定的位置,而完成道岔转换是靠一个既包括硬件也包括软件在内的系统,这个系统一般称之为"道岔转换系统",通常包括转辙机、外锁闭装置、安装装置、密贴检查器、监测装置和控制电路等。转换系统的任务是转换和锁闭道岔的尖轨与可动心轨,以及对尖轨和可动心轨的位置进行监督,概括地说,道岔转换系统的三大基本功能就是转换、锁闭、监督。

1.1 电液道岔转换设备发展历程

电液道岔转换设备包括电液转辙机及其配套的外锁闭装置、安装装置、密贴检查器等,它能转换、锁闭国内现有各种规格、型号的内、外锁闭道岔,并能正确反映尖轨及可动心轨辙叉的位置和状态。

电液转辙机于 1968 年开始研制,并于 20 世纪 70 年代先后研制出Ⅰ、Ⅱ、Ⅲ型共三代样机,其中Ⅰ型样机在北京、平遥、太原站安装试验。

1983 年 1 月,铁道部电务局、科技教育司联合组织有关专家来厂视察,一致认为,电液转辙机的技术特性对新型道岔的发展趋势有较好的适应性。同年 2 月,北京铁路局太原电务器材厂与有关研究单位加快电液转辙机的研制工作。

1985 年初,研制出速动型样机,并在丰台西站驼峰场安装试验,至 1989 年 4 月通过铁道部技术审查。同时又研制了普通型和大功率型电液转辙机,1985 年陆续在三棵树、青岛、济南和太原北站等地上道试用,至 1986 年通过技术审查。

1988 年 1 月,铁道部选定京广高速铁路线黑石铺站为试点站,共上道 29 组电液转辙机，同年 10 月天津枢纽改造，又上道 18 组直流电液转辙机，12 月大秦铁路线西段一期工程共上道 539 组 ZYJ1、ZYJ2、ZYJ3 型电液转辙机。

1990—1991 年，应用户要求，将体积大、质量大的 ZY(J)1、ZY(J)2、ZY(J)3 型电液转辙机分体，设计了 ZY(J)4、ZY(J)6 型电液转辙机。1991 年通过铁道部技术鉴定后，在北京铁路局、成都铁路局及国家重点工程京九铁路线、北京西客站改造和大秦铁路线二期大面积使用。

1994 年，ZYJ4 型交流电液转辙机配套北京铁路局太原电务器材厂与铁道部专业设计院、北京全路通信信号研究设计院有限公司研制的燕尾式外锁闭装置，在我国第一条准高速广深铁路线使用 200 余组，为广深线开通运营做出了贡献。为进一步提高 ZY(J)4、ZY(J)6 型电液转辙机的可靠性，2012 年立项对其进行优化，2013 年 6 月通过上道技术审查，2020 年通过中国铁路太原局集团有限公司技术评审。

1995—1996 年，为满足铁道部"八五"电务技术装备政策"高安全、高可靠、长寿命、无维修、少维护"要求，研制了 ZY(J)7 型电液转辙机。1997 年通过铁道部技术鉴定，并被指定为唯一的与提速道岔配套的国产转辙机，在 6 次提速改造中发挥了巨大作用。

2000 年研制了嵌入式 ZY(J)G7 型轨枕转辙机，同年 9 月在广深铁路线上道使用。2003 年 3 月通过铁道部技术审查，在城市轨道交通线路大批量使用。ZY(J)G7 型电液转辙机是在 ZY(J)7 型电液转辙机基础上改进的新型电液转辙机，整套系统继承了 ZY(J)7 型电液转辙机的优点，并将转辙机和转换锁闭器安装在两基本轨的中间，大大改善了道岔区段的轨道动力学性能，液压站可安装在基本轨外侧任意位置，不受空间限制，该设备尤其适用于桥梁、隧道及地铁等狭小空间，整套系统质量轻、安装简便灵活、易于维护、不妨碍工务养护。

2005 年以来，ZY(J)7 型电液转辙机在大秦、朔黄、瓦日、浩吉等重载铁路全线使用，完全满足重载铁路使用要求。2008 年 6 月，ZY(J)7 型电液转辙机通过铁道部(250 km/h 客运专线道岔上使用)技术审查，并在客运专线石太线推广使用，2010 年 1 月通过铁道部(350 km/h 客运专线道岔上使用)技术审查，在京石、石武、兰新、海南环岛等高速铁路上大量使用。针对复式交分道岔 4 mm 不锁闭难以保证的问题，研制了 ZY(J)S7 型电液转辙机，用于复式交分道岔，并于 2009 年 9 月通过铁道部技术审查，在沈阳、太原、成都铁路局等大量使用。

为更好满足铁路道岔的发展需求，研制了 ZY(J)9 系列电液转辙机，2010 年 4 月在石太客运专线阳泉北站 11 号道岔、7 月在哈大铁路线虎石台站 7 号道岔上道试验，2014 年 6 月通过了中国铁路总公司组织的技术评审，陆续在成都、太原铁路局等上道使用。

为提高转辙机防尘、防水性能，在 ZY(J)7 型和 ZY(J)9 型电液转辙机基础上研制了 ZY(J)7(M)、ZY(J)9(M)密封型电液转辙机，将其防水性能提高到 IP67，并经过专业单位的检测，满足研制技术条件要求。2020 年 5 月通过中国铁路太原局集团有限公司试用评审，2021 年 9 月通过技术评审，2021 年 10 月取得中铁检验认证中心有限公司(CRCC)认证证书。

为了适应铁路智能化发展需求，研制了配套 ZY 系列电液转辙机的监测系统，2008 年通过了北京铁路局技术鉴定，之后通过系统优化升级、功能扩展研制了基于物联网技术的转辙机在线监测平台,2020 年 5 月通过了中国铁路太原局集团有限公司试用评审。

为适应我国提速道岔转换设备的要求,1991 年初研制了燕尾式外锁闭装置,在广深准高速铁路和既有线提速区段大量使用。在总结燕尾式外锁闭装置应用成果的基础上,研制出了适合我国道岔类型的提速钩型外锁闭装置。为满足高速道岔的需要,在研究国外先进成熟技术、吸取既有钩型外锁闭装置结构优点的基础上,优化了钩型外锁闭装置,2015 年通过了北京全路通信信号研究设计院有限公司组织的"外锁闭锁钩加装关节轴承"技术评审会的技术审查,在全路范围内推广使用。目前钩型外锁闭装置覆盖全路 60 kg/m、75 kg/m 钢轨各种型号外锁闭道岔。

电液转辙机从 1988 年批量生产以来,大量应用于京广、京沪、京九、京哈、兰新、大秦重载线和广深准高速铁路等国家重点主要铁路干线,并出口伊朗、尼日利亚、巴基斯坦等国家。电液转辙机先后荣获了国家重大技术装备研制三等奖、成套重载设备特等奖以及国家"七五"期间科技攻关荣誉证书。ZY(J)4、ZY(J)6 型电液转辙机 1991 年通过铁道部技术鉴定,1992 年获"铁道部科技进步二等奖";ZYJ7 型电液转辙机 1997 年通过铁道部技术鉴定,同年荣获国家重点新产品证书,1998 年获"铁道部科技进步二等奖"。

ZY(J)4、ZY(J)6、ZY(J)7、ZY(J)9 系列电液转辙机及配套的安装装置和外锁闭装置,可适应我国目前使用的 43 kg/m、50 kg/m、60 kg/m、75 kg/m 等钢轨各种规格型号的道岔。

1.2　电液道岔转换设备特点及技术指标

1.2.1　ZY 系列电液转辙机特点

ZY 系列电液转辙机具有以下特点:

1. 整机采用液压传动、机械锁闭,磨损小、寿命长、锁闭可靠。

2. 牵引点之间采用油管传输,可避免机械磨损和旷动,安装简便,适用于多点牵引。

3. 多点牵引时,转换锁闭器和信号楼之间不必铺设电缆,且信号楼内无须增设控制电路。

4. 溢流压力稳定易调整,不受气候温度影响。

5. 油缸密封采用新型组合密封圈,降低了摩擦系数,管路连接采用国际先进水平的液压接头,密封可靠。

6. 采用具有专利技术的油泵,效率高、寿命长。

7. 采用铝合金壳体,整机质量轻、机械强度高、方便现场施工安装。

8. 多点牵引道岔可选用主副机形式,亦可采用全主机形式,以满足多机多点牵引方式要求。

9. 以液压油为介质,相对运动表面可自行润滑,使用寿命长。

10. ZY(J)4、ZY(J)7 型电液转辙机主机采用动作杆和锁闭杆双杆锁闭尖轨(心轨)在密贴位置,副机(SH 系列转换锁闭器)具有挤岔保护和挤岔断表示功能。ZY(J)6 型电液转辙机采用动作杆和锁闭杆双杆锁闭尖轨在密贴位置,具有挤岔断表示功能。

11. ZY(J)G7型电液转辙机能够满足高速区段轨道动力学性能要求。

12. ZY(J)S7型电液转辙机采用双油缸、双动作杆、双锁闭表示杆锁闭复式交分道岔尖轨,调整方便,保证了4 mm检查转辙机不锁闭的功能。

13. ZY(J)7(M)型电液转辙机防护等级不低于IP67,适用于潮湿、多雨、风沙等恶劣环境。

14. ZY(J)9(M)型电液转辙机采用串联油缸,实现道岔同步转换;采用开式双向油路,提高系统的清洁度和液压元件的可靠性,延长使用寿命;各牵引点转换单元牵引力可分别调整。

15. ZY系列电液转辙机产品可配置智能监测系统,可实现对道岔使用状态的实时监测。

1.2.2 钩型外锁闭装置特点

钩型外锁闭装置具有以下特点:

1. 结构简单,安装、调整方便,便于现场维护,且尖轨的密贴调整不影响道岔开口。
2. 采用关节轴承的锁钩,适应道岔基本轨爬行和尖轨摆动,减少磨耗。
3. 锁闭框采用新型结构,减小转换阻力,适应道岔爬行。
4. 锁闭杆增加导轮,减少摩擦阻力。
5. 锁闭铁改进结构,适应尖轨、基本轨爬行。
6. 系统结构受力合理,锁闭可靠,安全性高。

1.2.3 电液道岔转换设备技术指标

1. 油管安装分地面安装和地下铺设两种,油管安装时的弯曲半径应不小于150 mm,进出槽钢和地面应留有一定余量,并用橡胶防护管防护以避免因震动损伤油管。

2. 内锁闭道岔的密贴段各牵引点处4 mm不锁闭、2 mm锁闭。尖轨、心轨第一牵引点对应的锁闭柱与锁闭杆缺口间隙为1.5 mm±0.5 mm,尖轨第二牵引点对应的检查柱与表示杆的缺口间隙为4 mm±1.5 mm。

3. 外锁闭道岔的连接安装、调整。在尖轨各牵引点锁闭杆中心处的尖轨与基本轨、心轨和翼轨间插入4 mm厚、20 mm宽的钢板,电液转辙机不应锁闭,否则可通过增减锁闭铁和锁闭框间的调整片满足要求。同时,调整安装装置的长、短表示杆,使尖轨、心轨第一牵引点对应的锁闭柱与锁闭杆缺口间隙为2 mm±0.5 mm,尖轨第二牵引点对应的检查柱与表示杆的缺口间隙为4 mm±1.5 mm,ZY(J)7型电液转辙机为先调伸出后调拉入。在道岔开口符合要求时,限位块与锁闭框间隙为1~3 mm,当开口大于要求时,限位块与锁闭框接触。

4. ZY(J)6、ZY(J)6F型转辙机安装好挤岔表示连接杆后,还应根据道岔的不同动程,调整挤岔表示连接杆和调整板使挤岔板斜面与滚轮的间隙为2~3 mm,定反位基本相等。

5. ZY(J)4、ZY(J)6型转辙机正常转换油路系统两侧压力不大于3.2 MPa,ZY(J)7型电液转辙机不大于10.5 MPa,ZY(J)9(M)型电液转辙机两点牵引不大于7 MPa,三点牵引不大于10.5 MPa,两侧溢流压力调整至工作压力的1.2~1.4倍。

第2章

电液转辙机结构及原理

ZY(J)4 型电液转辙机由 ZY4 型转辙机(亦称主机,用于第一牵引点)、SH5 型转换锁闭器(亦称副机,用于第二牵引点)和 Y(J)1 型液压站组成,主机与副机共用一套动力系统,主机、副机、液压站之间靠油管连接传输动力。

ZY(J)6 型电液转辙机由 ZY6 型转辙机和 Y(J)1 型液压站组成,两者之间靠油管连接传输动力。

ZY(J)7 型电液转辙机由 ZY(J)7 型转辙机(亦称主机,用于第一牵引点)和 SH6 型转换锁闭器(亦称副机,用于第二、第三等牵引点)组成,主机与副机共用一套动力系统,两者之间靠油管连接传输动力,也可每个牵引点分别使用各自的动力系统(即全主机牵引)。

ZY(J)7(M)型电液转辙机由 ZY(J)7(M)型转辙机(亦称主机,用于第一牵引点)和 SH6(M)型转换锁闭器(亦称副机,用于第二、第三等牵引点)组成,主机与副机共用一套动力系统,两者之间靠油管连接传输动力,也可每个牵引点分别使用各自的动力系统(即全主机牵引)。

ZY(J)G7 型电液转辙机由 ZYG7 型转辙机(亦称主机,用于第一牵引点)、SHG6 型转换锁闭器(亦称副机,用于第二牵引点)和 YJ4、Y(J)5 型液压站组成,主机与副机共用一套动力系统,两者之间靠油管连接传输动力。

ZY(J)S7 型电液转辙机由 ZYS7 型转辙机(用于尖轨部牵引点)、SHS6 型转换锁闭器(用于心轨部牵引点)和 YJ4、Y(J)5 型液压站组成,尖轨部电液转辙机与心轨部转换锁闭器可共用一套动力系统(即液压站),也可各带一套动力系统,转辙机与液压站之间靠油管连接传输动力。

ZY(J)9(M)型电液转辙机由 ZY9(M)型转辙机[分为不可挤 ZY9(M)型转辙机、可挤 ZY9(M)型转辙机和单点 ZY9(M)型转辙机]和 Y(J)6(M)/Y(J)7(M)型液压站组成,多点牵引时各转辙机共用一套动力系统(即液压站),转辙机与液压站间靠油管连接传输动力。

2.1 电液转辙机结构

2.1.1 ZY4 型转辙机结构

ZY4 型转辙机主要由转换锁闭机构、表示锁闭机构、手动机构等组成,如图 2-1 所示。

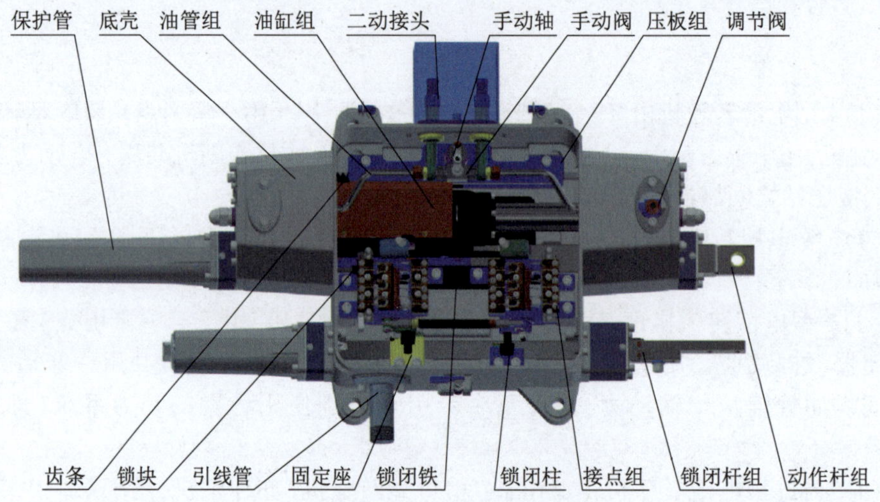

图 2-1 ZY4 型转辙机结构示意

1. 转换锁闭机构

转换锁闭机构的作用是转换并锁闭尖轨或心轨在终端位置,且锁闭尖轨或心轨后应能承受 98 kN 的轴向锁闭力。该机构主要由底壳、油缸、推板、动作杆、锁块、锁闭铁等组成。

2. 表示锁闭机构

表示锁闭机构的作用是正确反映尖轨或心轨状态并锁闭尖轨或心轨在密贴位置,该机构锁闭尖轨或心轨后应能承受 20 kN 以上的轴向锁闭力。该机构主要由接点组、锁闭杆、锁闭柱、固定座等组成。

3. 手动机构

手动机构的作用是电路或油路系统故障时,通过手动齿轮、齿条扳动道岔。手动操作前应先扳开手动阀使油缸两侧油路短路(电动或手摇油泵时油缸不能动作),再插入手扳轴扳动道岔,且非经人工恢复,不得断开油缸两侧油路。该机构主要由手动阀、手动轴、齿条、齿轮等组成。

2.1.2 SH5 型转换锁闭器结构

SH5 型转换锁闭器主要由转换锁闭机构、挤脱表示机构、手动机构组成,如图 2-2 所示。

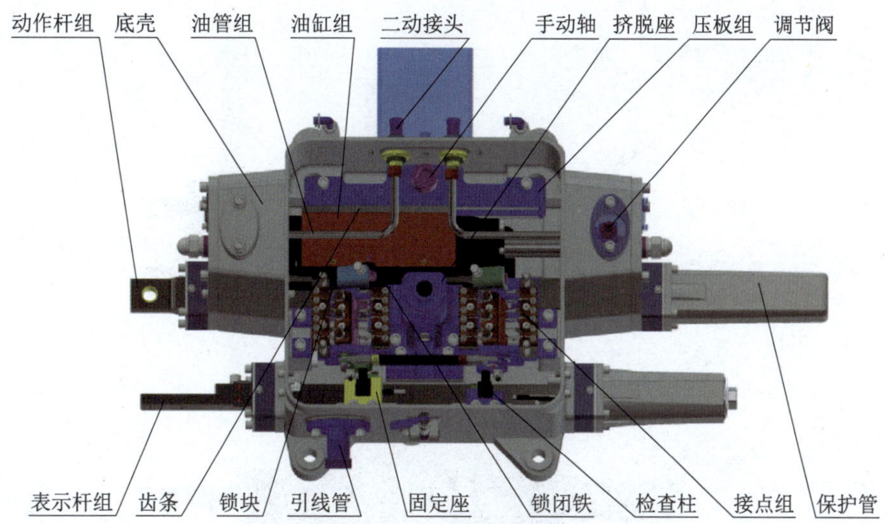

图 2-2 SH5 转换锁闭器结构示意

1. 转换锁闭机构

转换锁闭机构的作用是转换并锁闭尖轨或心轨在终端位置。该机构主要由底壳、油缸组、推板、动作杆、锁块、锁闭铁等组成。

2. 挤脱表示机构

挤脱表示机构的作用是正确反映尖轨或心轨状态,并具有挤岔断表示功能,挤脱力出厂调整为 26~30 kN。该机构主要由挤脱座、接点组、检查柱、表示杆等组成。

3. 手动机构

手动机构的作用是电路或油路系统故障时,通过手动齿轮、齿条扳动道岔。手动操作前应先扳动主机手动阀使油缸两侧油路短路(电动或手摇油泵时油缸不能动作),再通过手扳轴扳动道岔。该机构主要由手动轴、齿条、齿轮等组成。

2.1.3 ZY6 型转辙机结构

ZY6 型转辙机主要由转换锁闭机构、表示锁闭机构、手动机构、挤岔断表示机构等组成,如图 2-3 所示。

1. 转换锁闭机构

转换锁闭机构的作用是转换并锁闭尖轨或心轨在终端位置。该机构主要由底壳、油缸组、推板、动作杆、锁块、锁闭铁等组成。

2. 表示锁闭机构

表示锁闭机构的作用是正确反映尖轨或心轨状态,并具有挤岔断表示功能,挤脱力出厂调整为 26~30 kN。该机构主要由挤脱座、接点组、检查柱、表示杆等组成。

3. 手动机构

手动机构的作用是电路或油路系统故障时,通过手动齿轮、齿条扳动道岔。手动操作前应先扳动主机手动阀使油缸两侧油路短路(电动或手摇油泵时油缸不能动作),再通过手扳轴扳动道岔。该机构主要由手动轴、齿条、齿轮等组成。

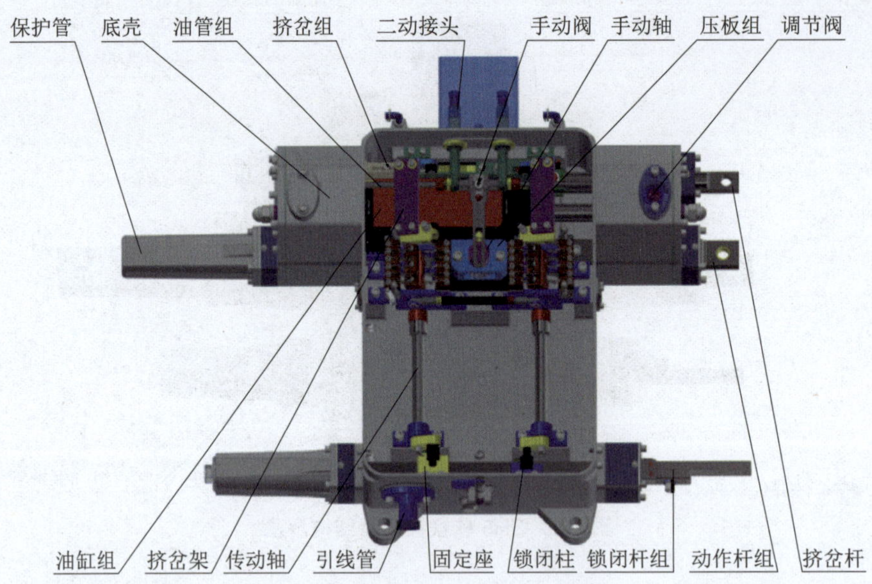

图 2-3　ZY6 型转辙机结构示意

4. 挤岔断表示机构

挤岔断表示机构是 ZY6 型转辙机在具有动作杆和锁闭杆双杆锁闭功能的同时所特有的挤岔断表示功能，主要由挤岔杆、挤岔架、接点组等组成。

2.1.4　ZY(J)7、ZY(J)7(M)型转辙机结构

ZY(J)7 型转辙机、ZY(J)7(M)型转辙机主要由动力机构、转换锁闭机构、表示锁闭机构、手动安全机构(遮断器)组成，如图 2-4、图 2-5 所示。

1. 动力机构

动力机构的作用是将电能变为液压能。该机构主要由电动机、联轴器、油泵、油管、单向阀、滤芯、溢流阀及油箱等组成。

2. 转换锁闭机构

转换锁闭机构的作用是转换并锁闭尖轨或心轨在终端位置，且锁闭尖轨或心轨后应能承受 98 kN 的轴向锁闭力。该机构主要由底壳、油缸、推板、动作杆、锁块、锁闭铁等组成。

3. 表示锁闭机构

表示锁闭机构的作用是正确反映尖轨或心轨状态并锁闭尖轨或心轨在终端位置，且锁闭尖轨或心轨后应能承受 20 kN 的轴向锁闭力。该机构主要由接点组、锁闭杆等组成。

4. 手动安全机构(遮断器)

手动安全机构的作用是手摇电动机扳动道岔前，可靠切断电动机动作电源(即只有断开安全接点才能插入手摇把)，且非经人工恢复，不能接通电动机动作电源。

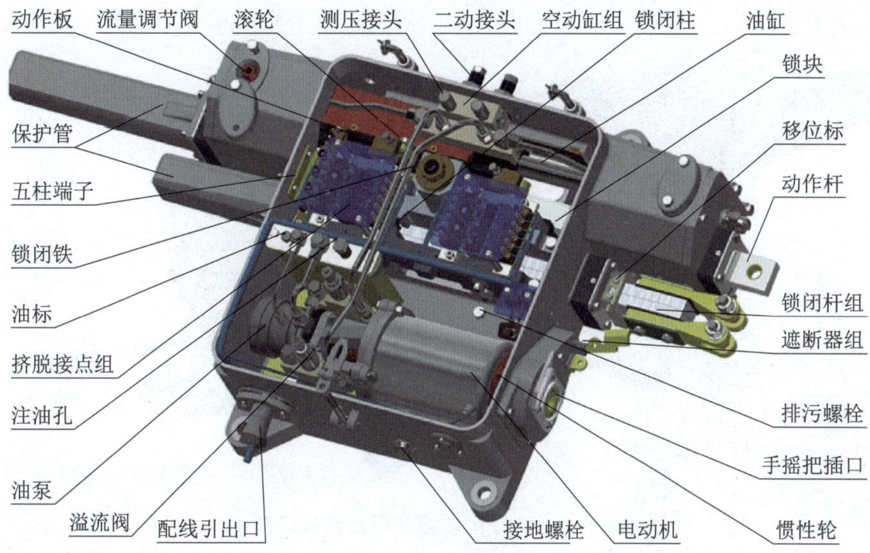

注:1. 同类交流转辙机与直流转辙机仅是油泵电机组不同。

2. 用于全主机配置除第一牵引点外的转辙机时,接点组及锁闭杆分别换为挤脱接点组和表示杆。

3. 用于单点内锁闭道岔时,接点组及锁闭杆分别换为挤脱接点组和锁闭表示杆。

图 2-4　ZY(J)7 型转辙机结构示意

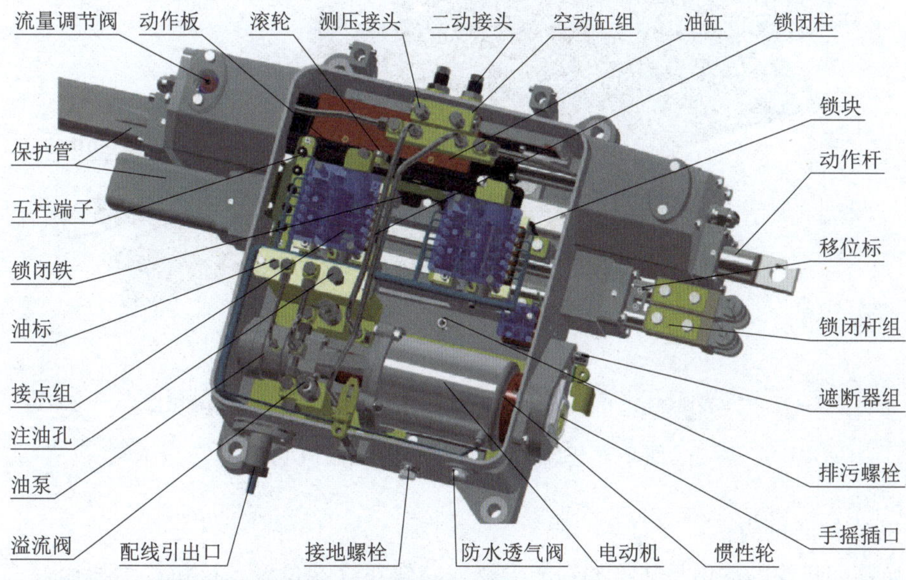

注:1. 同类交流转辙机与直流转辙机仅是油泵电机组不同。

2. 用于全主机配置除第一牵引点外的转辙机时,接点组及锁闭杆分别换为挤脱接点组和表示杆。

3. 用于单点内锁闭道岔时,接点组及锁闭杆分别换为挤脱接点组和锁闭表示杆。

图 2-5　ZY(J)7(M)型转辙机结构示意

2.1.5　SH6、SH6(M)型转换锁闭器结构

SH6、SH6(M)型转换锁闭器主要由转换锁闭机构、挤脱表示机构组成,如图 2-6、图 2-7 所示。

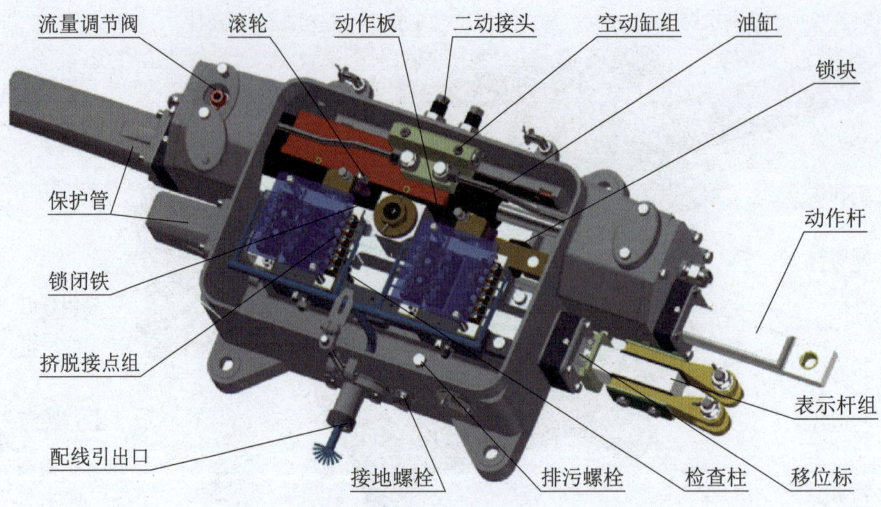

图 2-6　SH6 型转换锁闭器结构示意

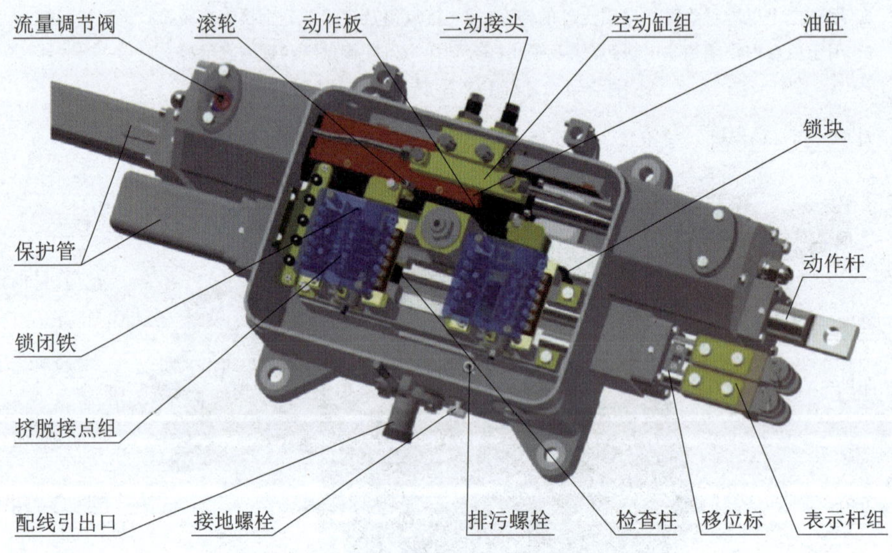

图 2-7　SH6(M)型转换锁闭器结构示意

1. 转换锁闭机构

转换锁闭机构的作用是转换并锁闭尖轨或心轨在终端位置。该机构主要由底壳、油缸组、推板、动作杆、锁块、锁闭铁等组成。

2. 挤脱表示机构

挤脱表示机构的作用是正确反映尖轨或心轨状态,且具有挤岔断表示功能,挤脱力出厂调整为 26~30 kN。该机构主要由挤脱接点组、检查柱、表示杆等组成。

2.1.6　ZYG7 型转辙机结构

ZYG7 型转辙机主要由转换锁闭机构、表示锁闭机构、手动机构等组成,如图 2-8 所示。

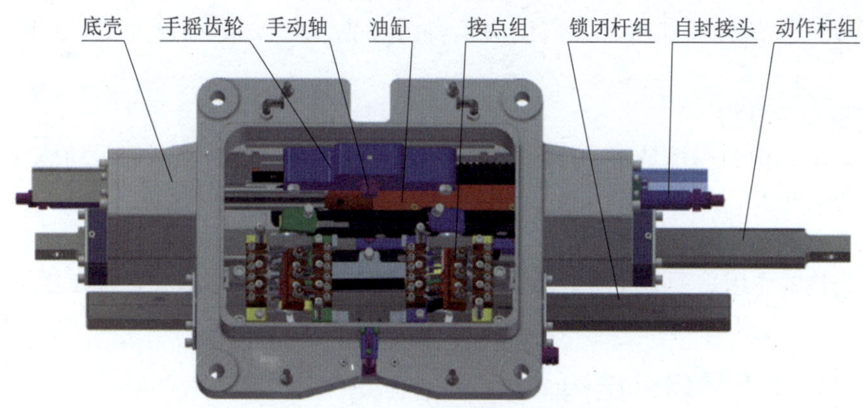

图 2-8 ZYG7 型转辙机结构示意

1. 转换锁闭机构

转换锁闭机构的作用是转换并锁闭尖轨或心轨在终端位置，且锁闭尖轨或心轨后应能承受 98 kN 的轴向锁闭力。该机构主要由底壳、油缸、推板、动作杆、锁块、锁闭铁等组成。

2. 表示锁闭机构

表示锁闭机构的作用是正确反映尖轨或心轨状态并锁闭尖轨或心轨在终端位置，且锁闭尖轨或心轨后应能承受 20 kN 的轴向锁闭力。该机构主要由接点组、锁闭杆等组成。

3. 手动机构

手动机构的作用是手动扳动道岔(手动操作前应先将液压站的安全接点断开，并将溢流阀松开)。该机构主要由手动齿轮组、齿条等组成。

2.1.7 SHG6 型转换锁闭器结构

SHG6 型转换锁闭器主要由转换锁闭机构、挤脱表示机构、手动机构组成，如图 2-9 所示。

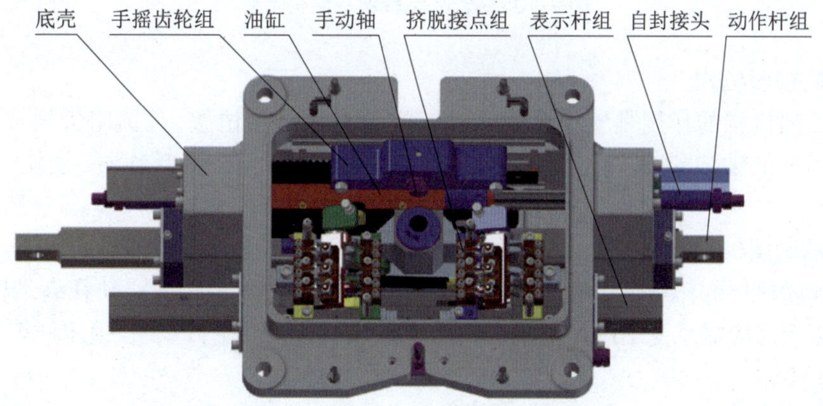

图 2-9 SHG6 型转换锁闭器结构示意

1. 转换锁闭机构

转换锁闭机构的作用是转换并锁闭尖轨或心轨在终端位置，且锁闭尖轨或心轨后应能承受 98 kN 的轴向锁闭力。该机构主要由底壳、油缸、推板、动作杆、锁块、锁闭铁等组成。

2. 挤脱表示机构

挤脱表示机构的作用是正确反映尖轨或心轨状态,且具有挤岔断表示功能,挤脱力出厂调整为 26~30 kN。该机构主要由挤脱接点组、检查柱、表示杆等组成。

3. 手动机构

手动机构的作用是手动扳动道岔(手动操作前应先将液压站的安全接点断开,并将溢流阀松开)。该机构主要由手动齿轮组、齿条等组成。

2.1.8 ZYS7 型转辙机结构

ZYS7 型转辙机主要由转换锁闭机构、表示锁闭机构、手动机构组成,如图 2-10 所示。

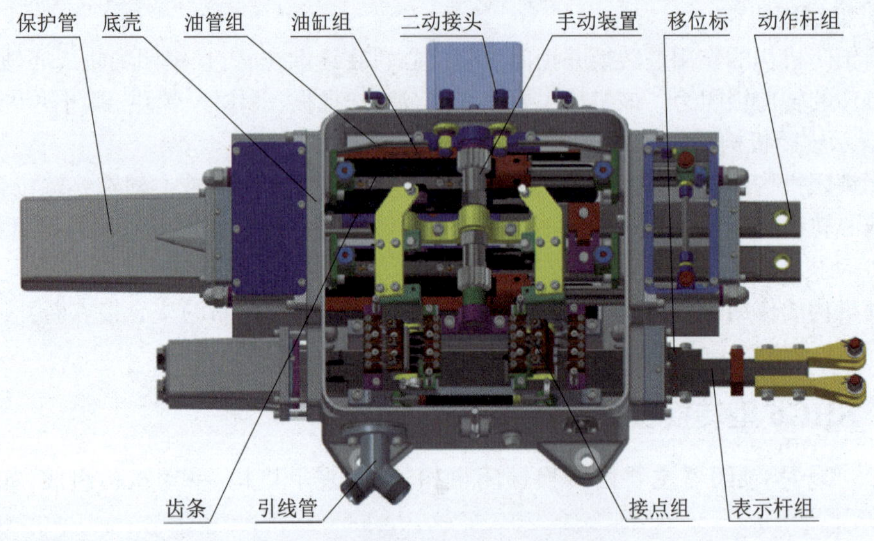

图 2-10 ZYS7 型转辙机结构示意

1. 转换锁闭机构

转换锁闭机构的作用是转换并锁闭尖轨或心轨在终端位置,且锁闭尖轨或心轨后应能承受 98 kN 的轴向锁闭力。该机构主要由底壳、油缸、推板、动作杆、锁块、锁闭铁等组成。

2. 表示锁闭机构

表示锁闭机构的作用是正确反映尖轨或心轨状态并锁闭尖轨或心轨在终端位置,且锁闭尖轨或心轨后应能承受 20 kN 的轴向锁闭力。该机构主要由接点组、锁闭杆等组成。

3. 手动机构

手动机构的作用是手动扳动道岔(手动操作前应先将液压站的安全接点断开,并将溢流阀松开,使用扳手扳动手动装置一侧的手动轴,使得同侧油缸解锁,再扳动另一侧的手动轴,使得另一侧油缸同样解锁;再交替扳动两侧的手动轴,两个油缸依次动作,进而使转辙机转换到位并锁闭)。该机构主要由手动齿轮组、齿条等组成。

2.1.9　SHS6 型转换锁闭器结构

SHS6 型转换锁闭器主要由转换锁闭机构、表示锁闭机构、手动机构等组成,如图 2-11 所示。

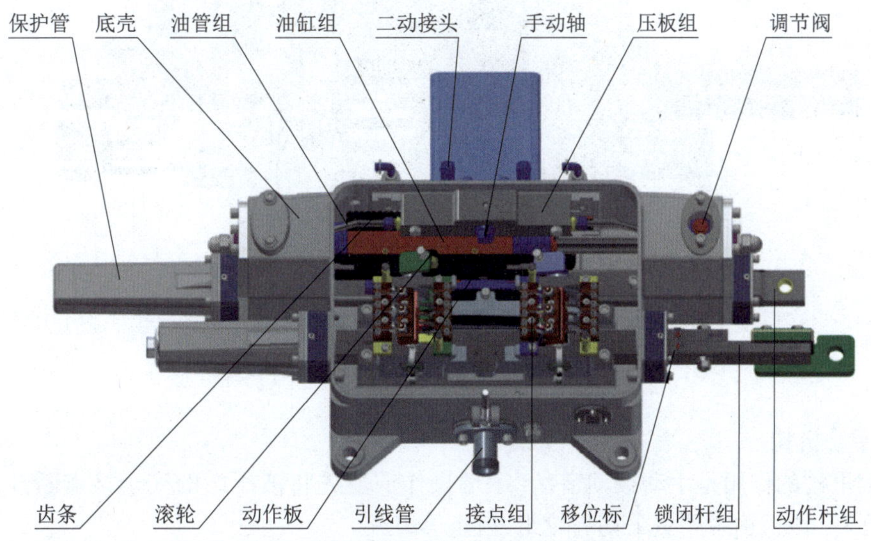

图 2-11　SHS6 型转换锁闭器结构示意

1. 转换锁闭机构

转换锁闭机构的作用是转换并锁闭尖轨或心轨在终端位置,且锁闭尖轨或心轨后应能承受 98 kN 的轴向锁闭力。该机构主要由底壳、油缸、推板、动作杆、锁块、锁闭铁等组成。

2. 表示锁闭机构

表示锁闭机构的作用是正确反映尖轨或心轨状态并锁闭尖轨或心轨在终端位置,且锁闭尖轨或心轨后应能承受 20 kN 的轴向锁闭力。该机构主要由接点组、锁闭杆等组成。

3. 手动机构

手动机构的作用是手动扳动道岔(手动操作前应先将液压站的安全接点断开,并将溢流阀松开)。该机构主要由手动齿轮组、齿条等组成。

2.1.10　不可挤 ZY9(M)型转辙机结构

不可挤 ZY9(M)型转辙机主要由转换锁闭机构、表示锁闭机构、手动机构组成,如图 2-12 所示。

1. 转换锁闭机构

转换锁闭机构的作用是转换并锁闭尖轨或心轨在终端位置,且锁闭尖轨或心轨后应能承受 98 kN 的轴向锁闭力。该机构主要由底壳、油缸、推板、动作杆、锁块、锁闭铁等组成。

2. 表示锁闭机构

表示锁闭机构的作用是正确反映尖轨或心轨状态并锁闭尖轨或心轨在终端位置,且锁闭尖轨或心轨后应能承受 20 kN 的轴向锁闭力。该机构主要由接点组、锁闭杆等组成。

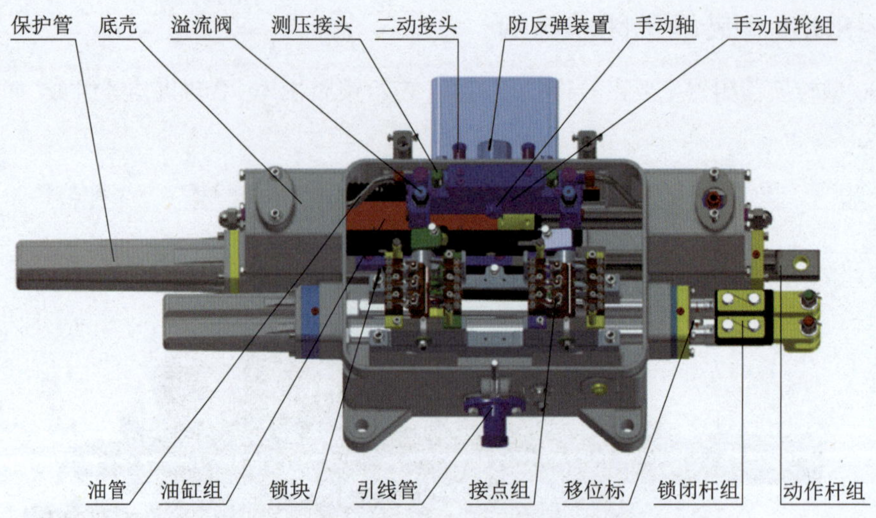

图 2-12 不可挤 ZY9(M)型转辙机结构示意

3. 手动机构

手动机构的作用是手动扳动道岔(手动操作前应先将液压站的安全接点断开,并将溢流阀松开)。该机构主要由手动齿轮组、齿条等组成。

2.1.11 可挤 ZY9(M)型转辙机结构

可挤 ZY9(M)型转辙机主要由转换锁闭机构、挤脱表示机构、手动机构组成,如图 2-13 所示。

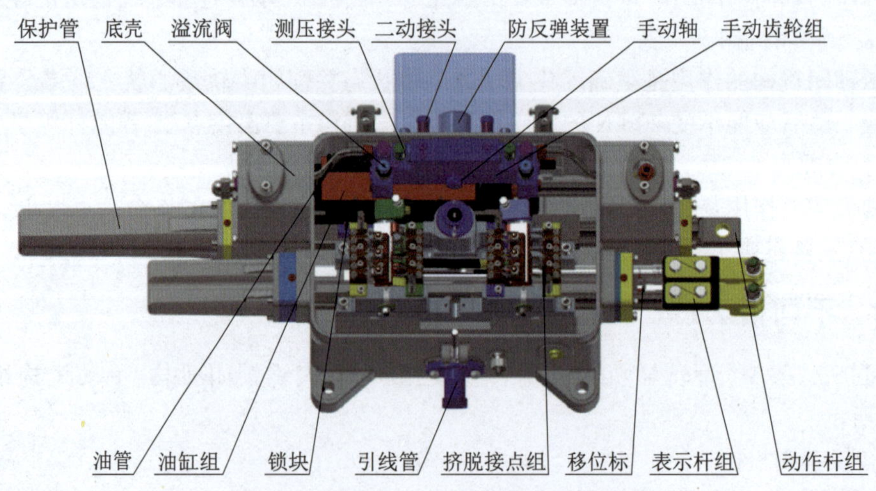

图 2-13 可挤 ZY9(M)型转辙机结构示意

1. 转换锁闭机构

转换锁闭机构的作用是转换并锁闭尖轨或心轨在终端位置,且锁闭尖轨或心轨后应能承受 98 kN 的轴向锁闭力。该机构主要由底壳、油缸、推板、动作杆、锁块、锁闭铁等组成。

2. 挤脱表示机构

挤脱表示机构的作用是正确反映尖轨或心轨状态，且具有挤岔断表示功能，挤脱力出厂调整为26~30 kN。该机构主要由挤脱接点组、检查柱、表示杆等组成。

3. 手动机构

手动机构的作用是手动扳动道岔（手动操作前应先将液压站的安全接点断开，并将溢流阀松开）。该机构主要由手动齿轮组、齿条等组成。

2.1.12 液压站结构

液压站分交流和直流两系列，主要由动力系统、油路系统、手动安全机构组成。动力系统的作用是将电能变为液压能，主要由电动机、联轴器、油泵组成；油路系统的作用是将液压能传输给执行机构，主要由油管、单向阀、滤芯、溢流阀及油箱组成；手动安全机构的作用是手摇电动机扳动道岔前，可靠切断电动机动作电源（即只有断开安全接点才能插入手摇把），且非经人工恢复不能接通电动机动作电源。液压站有以下几种类型：Y(J)1、YJ4、Y(J)5、Y(J)6(M)和Y(J)7(M)型。

1. Y(J)1型液压站

Y(J)1型液压站配套ZY(J)4、ZY(J)6型转辙机使用，如图2-14所示。交流液压站油泵排量为7 mL/r，直流液压站油泵排量为3.5 mL/r。

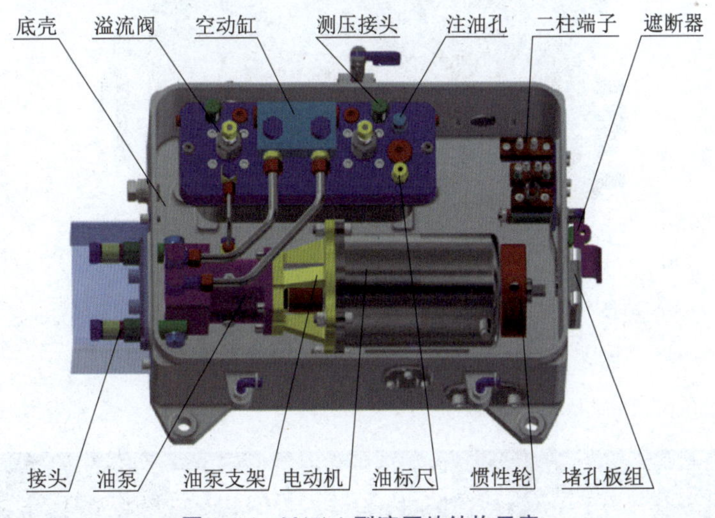

图2-14 Y(J)1型液压站结构示意

2. YJ4、Y(J)5型液压站

YJ4型液压站配套ZY(J)G7型转辙机使用，电动机功率为1.1 kW。Y(J)5型液压站配套ZY(J) S7型转辙机使用，交流液压站油泵排量为2.1 mL/r，直流液压站油泵排量为1.35 mL/r。YJ4、Y(J)5型液压站如图2-15所示。

3. Y(J)6(M)、Y(J)7(M)型液压站

Y(J)6(M)、Y(J)7(M)型液压站配套ZY(J)9(M)型转辙机使用，如图2-16所示。

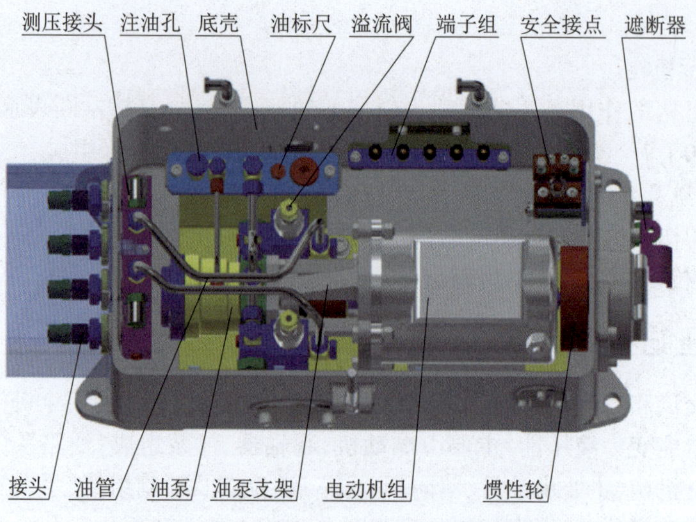

图 2-15 YJ4、Y(J)5 型液压站结构示意

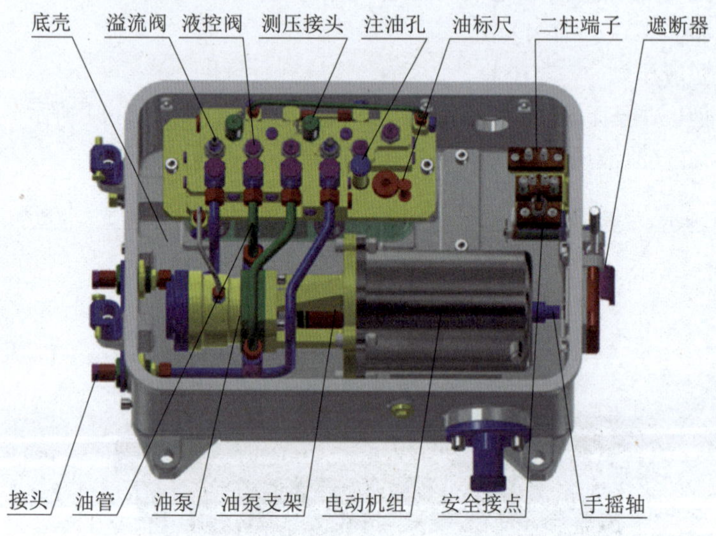

图 2-16 Y(J)6(M)、Y(J)7(M)型液压站结构示意

2.2 电液转辙机原理

2.2.1 ZY 系列电液转辙机油路系统工作原理

1. ZY(J)4、ZY(J)6、ZY(J)7、ZY(J)7(M)、ZY(J)G7、ZY(J)S7 型电液转辙机油路系统工作原理。

上述电液转辙机油路系统为闭式系统，当电动机通过联轴器带动油泵逆时针方向旋转时，油泵从油缸右腔内吸入油，油泵泵出的高压油使油缸左腔为高压，此时油缸向左移动，当油缸动作到终端停止动作，溢流时泵从右边的单向阀吸入油，泵出的高压油经左边的滤油器和溢流阀回油箱。若电动机带着油泵顺时针方向转动，油缸动作方向与上述方向相反。为了改善交流电动机启动特性，与油缸并联了启动油缸。该系统中的一动调节阀和二动调节阀用于调节主机油缸与副机油缸在转换道岔时实现宏观同步。ZY(J)4 型电液转辙机油路系统如图 2-17 所示。

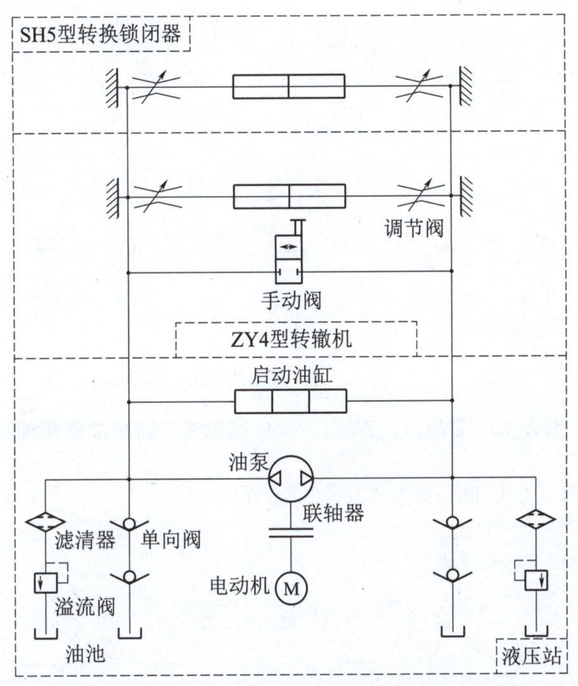

图 2-17　ZY(J)4 型电液转辙机油路系统

ZY(J)6 型电液转辙机油路系统如图 2-18 所示。

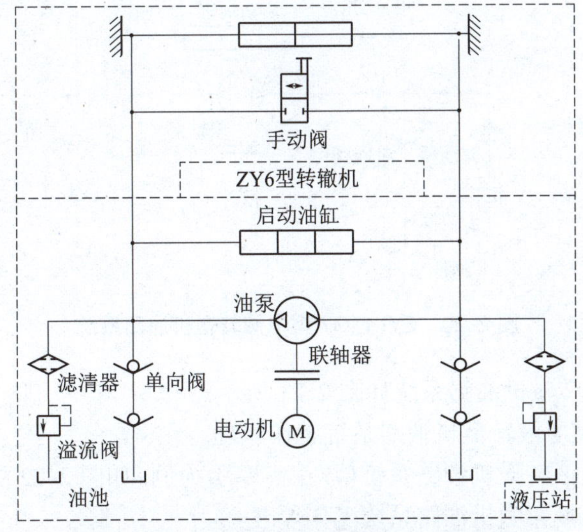

图 2-18　ZY(J)6 型电液转辙机油路系统

ZY(J)7、ZY(J)7(M)型电液转辙机油路系统如图 2-19 所示。

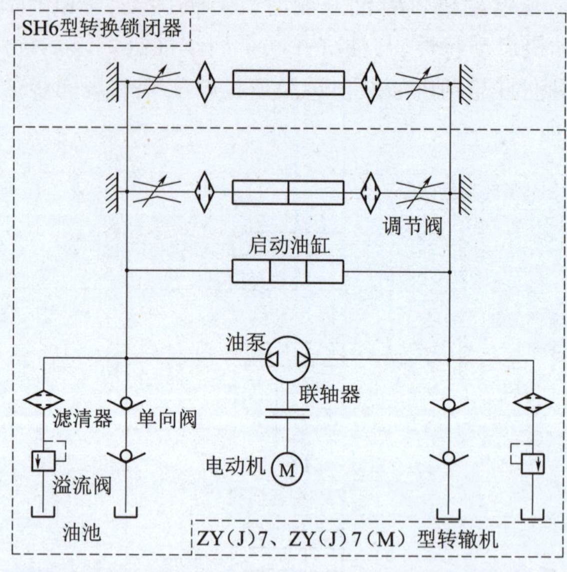

图 2-19　ZY(J)7、ZY(J)7(M)型电液转辙机油路系统

ZY(J)G7 型电液转辙机油路系统如图 2-20 所示。

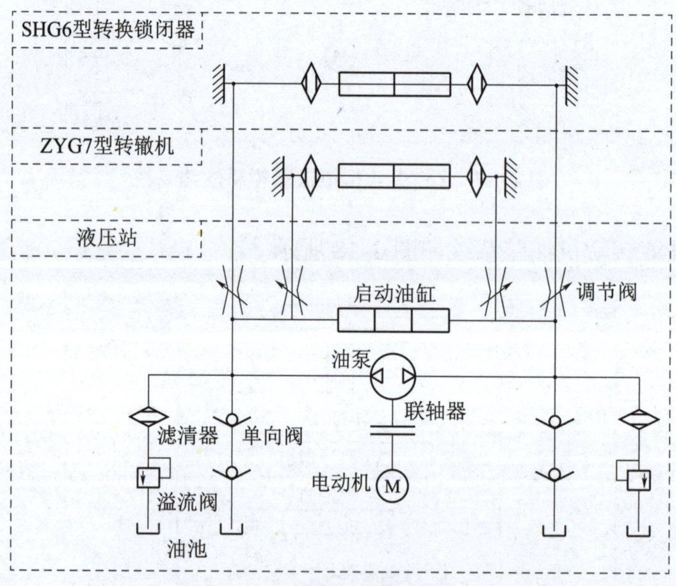

图 2-20　ZY(J)G7 型电液转辙机油路系统

ZY(J)S7 型电液转辙机油路系统如图 2-21 所示。

2. ZY(J)9(M)型电液转辙机油路系统工作原理。

ZY(J)9(M)型电液转辙机油路系统(以三点牵引为例)如图 2-22 所示。

ZY(J)9(M)型电液转辙机油路系统工作原理:

(1)当电动机通过联轴器带动油泵逆时针方向旋转时,油泵通过右侧的单向阀从油箱

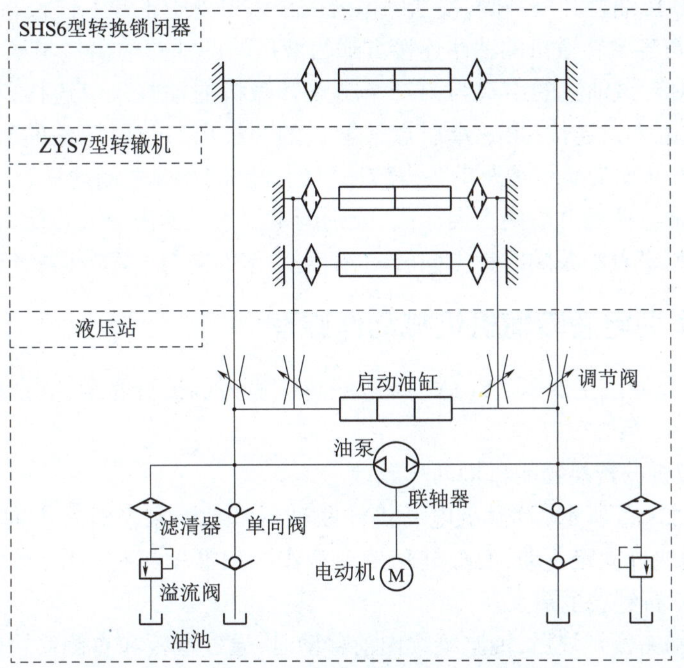

图 2-21　ZY(J)S7 型电液转辙机油路系统

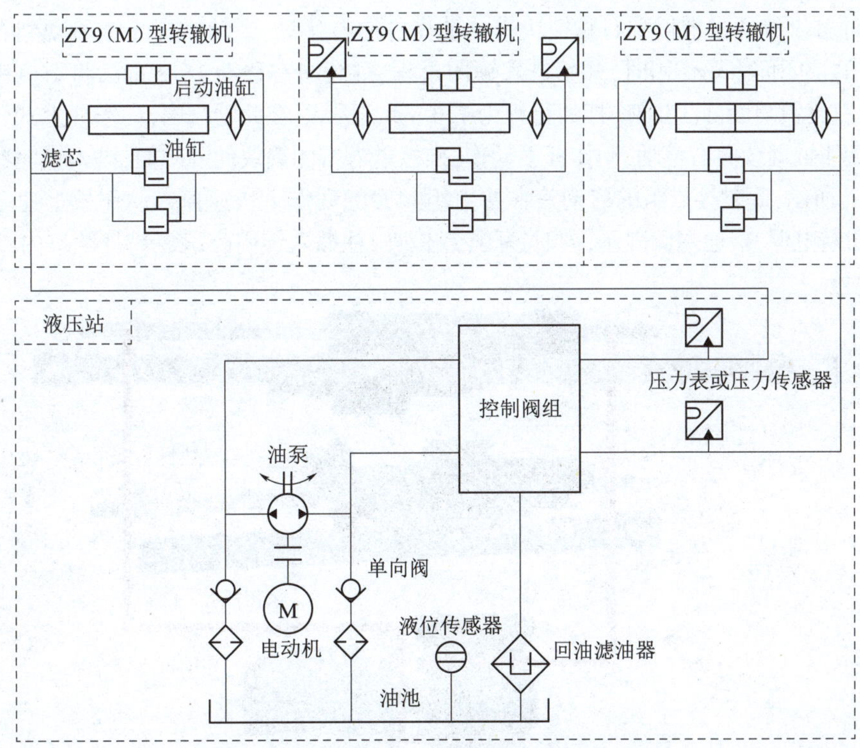

图 2-22　ZY(J)9(M)型电液转辙机油路系统

吸入油,泵出的高压油打开控制阀,使油路系统的出入口处于正常工作状态。

(2)液压站与各个转辙机的油路连接方式为液压站的油路输出口与第一牵引点转辙机的油缸输入口连接,该油缸的出口与第二牵引点转辙机的油缸入口连接,其出口与第三牵引点转辙机的油缸入口连接,第三牵引点转辙机的油缸出口与液压站的回油口连接,形成了串联油路系统,从而使高压油驱动各点转辙机的油缸同步向左侧动作。

(3)转辙机油缸两端并联两个溢流阀,分别调定拉入或伸出最大转换力。

(4)若电动机带着油泵顺时针方向转动,油缸动作方向与上述方向相反。

2.2.2 ZY 系列电液转辙机机械动作原理

下述机械动作原理主要以 ZY(J)7 型电液转辙机为例进行介绍,其余机型仅将不同部分列出介绍。

1. 电液转辙机的转换锁闭机构动作原理

(1)如图 2-23(a)所示,转辙机电动机经联轴器带动油泵逆时针方向(面向手摇把插口)旋转,由于活塞杆固定不动,油缸缸套带动动作板和推板向右动作,动作板的斜面推动接点组转换,断开右侧表示接点。

(2)推板接触右侧锁块后,油缸继续向前移动时,通过推板和右侧锁块带动动作杆向右移动,同时左侧锁块开始解锁,当油缸走完解锁动程后,右侧锁块和左侧锁块处于锁闭铁和推板的间隙内,如图 2-23(b)所示。

(3)油缸继续通过推板和右侧锁块带动动作杆向右移动,当动作杆继续移动到右侧锁块与锁闭铁的锁闭面将要作用时,开始进入锁闭过程,继续向右移动 15.2 mm,将右侧锁块推入锁闭铁的右侧锁闭面,此时动作杆的行程为 7.6 mm。因此,在此动程内,动作杆上的转换力可增加一倍,油缸继续向右移动,动作杆不动作,推板进入右侧锁块的锁闭面,进入锁闭状态。如图 2-23(c)所示,此时接点组的启动片在接点组拉簧的动作下快速掉入动作板上速动片圆弧内,快速切断电源,接通左侧表示,同时锁闭(或检查)柱插入锁闭(或表示)杆缺口内。

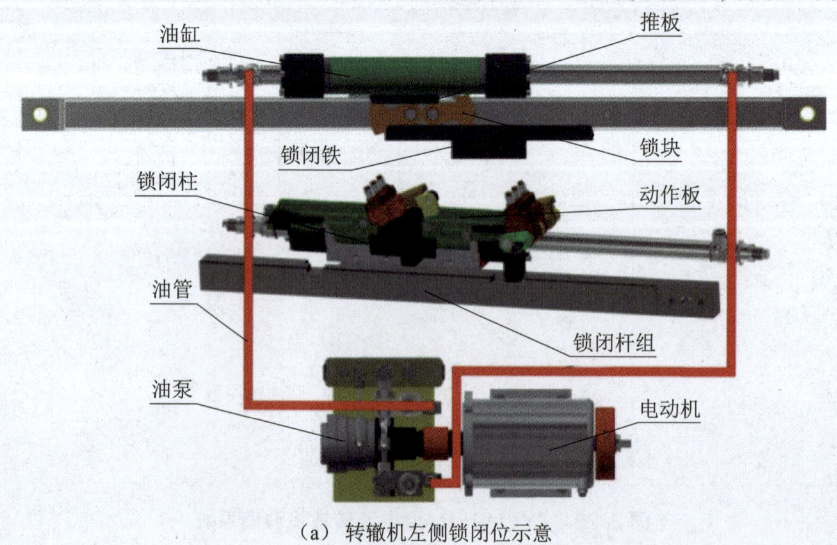

(a) 转辙机左侧锁闭位示意

图 2-23

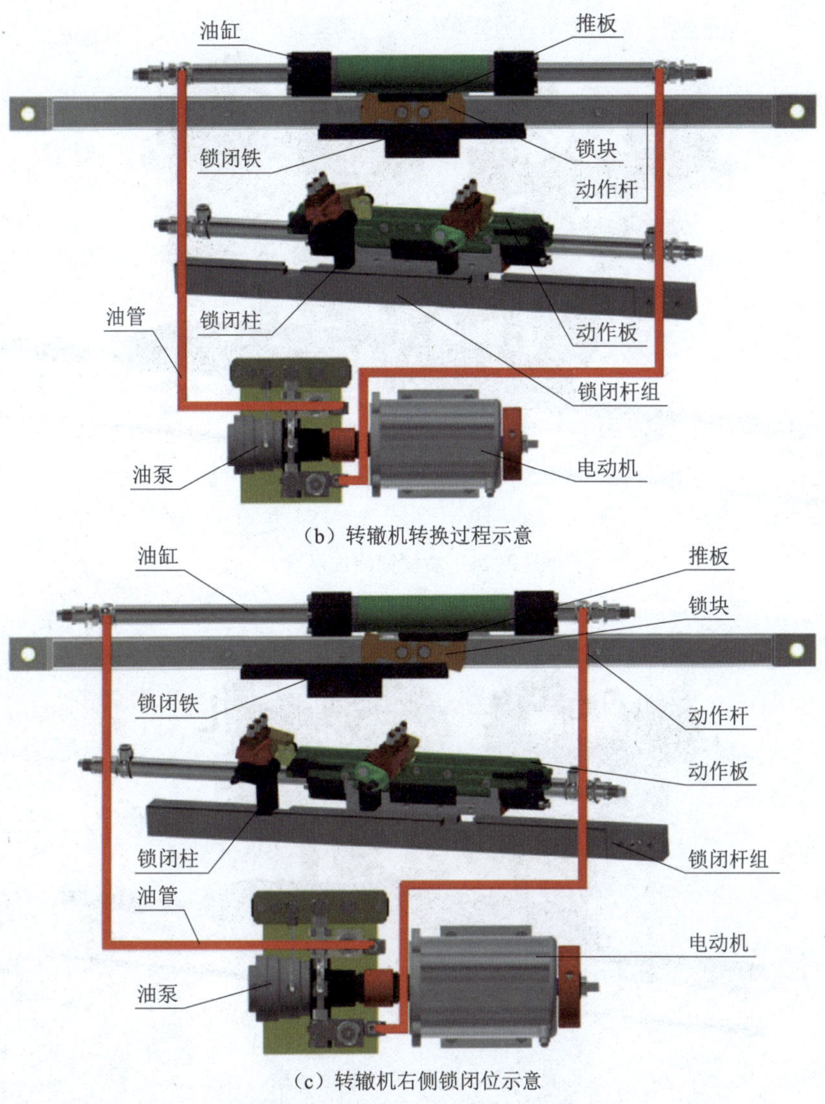

(b) 转辙机转换过程示意

(c) 转辙机右侧锁闭位示意

图 2-23 转换锁闭机构动作原理

若电动机带着油泵顺时针方向转动,转辙机转换方向与上述方向相反。

2. 挤岔断表示工作原理

(1)多点牵引道岔用转辙机或转换锁闭器的挤岔断表示工作原理。

多点牵引道岔用转辙机或转换锁闭器除尖轨(心轨)的第一牵引点外,其余牵引点均有转辙机(转换锁闭器)挤脱断表示和表示杆断表示双断功能,其工作原理为:当转辙机或转换锁闭器处于锁闭位(以图 2-24 所示的右侧锁闭位示意为例),动作杆受来自向左方向的外力且超过规定挤脱力(26~30 kN,用于地铁或轻轨时为 22~25 kN)时(图 2-25),动作杆通过锁块推动锁闭铁一起向左移动,锁闭铁顶起挤脱块(向上移动 3 mm);由于尖轨移动,通过表示拉杆带动转辙机的表示杆移动使检查柱抬起切断表示接点(图 2-26),同时锁闭铁移动其背后斜面会使顶杆向上位移,也可断开表示接点,实现挤脱双断表示。

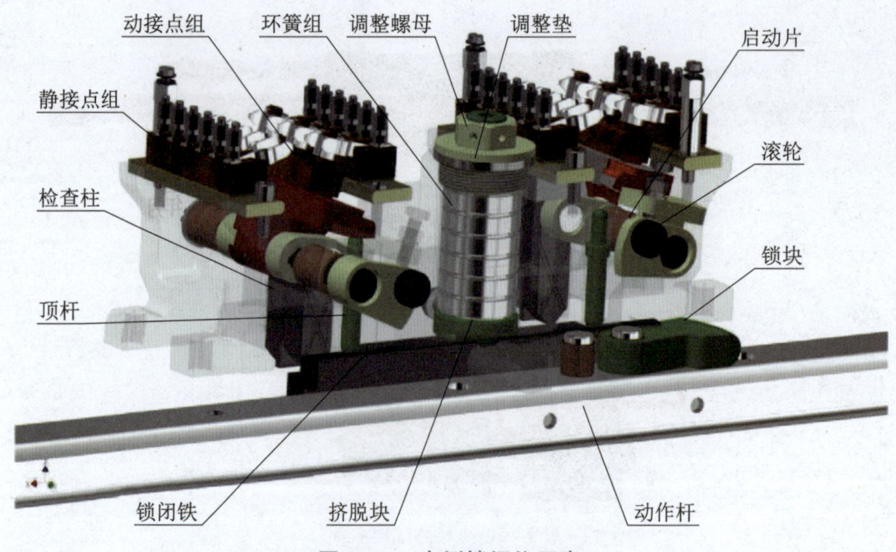

图 2-24　右侧锁闭位示意

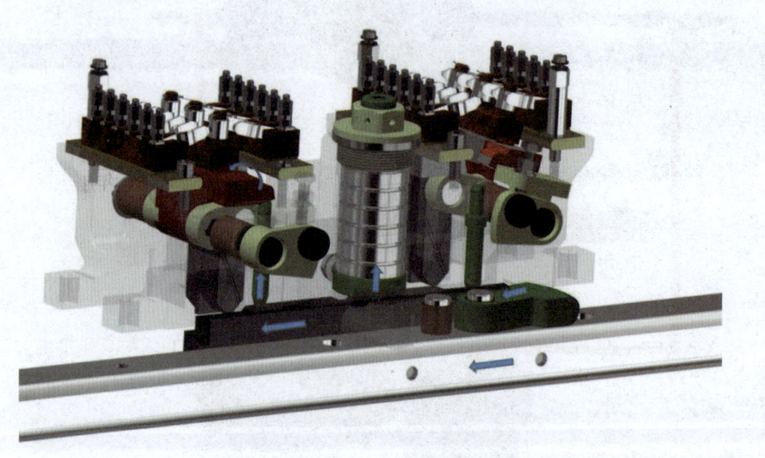

图 2-25　挤脱工作原理示意

（2）单点牵引道岔用 ZY(J)7、ZY(J)7(M)、ZY(J)9(M)型电液转辙机挤岔断表示工作原理。

单点牵引道岔用 ZY(J)7、ZY(J)7(M)、ZY(J)9(M)型电液转辙机也具备挤岔断表示功能，其工作原理与多点牵引道岔用转辙机或转换锁闭器中挤脱部分的工作原理相同：挤脱时锁闭铁移动其背后斜面会使顶杆向上位移，使检查柱抬起（锁闭柱仍保持锁闭位置），断开表示接点，与锁闭表示杆共同实现挤脱双断表示功能。锁闭表示杆（图 2-27）是指杆上的缺口一端为锁闭口，与密贴轨相连并锁闭密贴轨，另一端为表示口，与斥离轨相连并检查斥离轨，机内与锁闭口对应的为锁闭柱，与表示口相对应的为检查柱，实现锁闭、表示和挤岔断表示功能；挤岔时斥离尖轨移动，带动锁闭表示杆移动，同时锁闭表示杆的表示口使检查柱抬起断开表示接点，工作原理与多点牵引道岔用转辙机或转换锁闭器的表示杆断表示相同。

（3）ZY6 型电液转辙机挤岔断表示机构动作原理。

左右挤岔架通过连板与接点组相连，挤岔杆通过弯连接杆与道岔相连，当发生挤岔时，

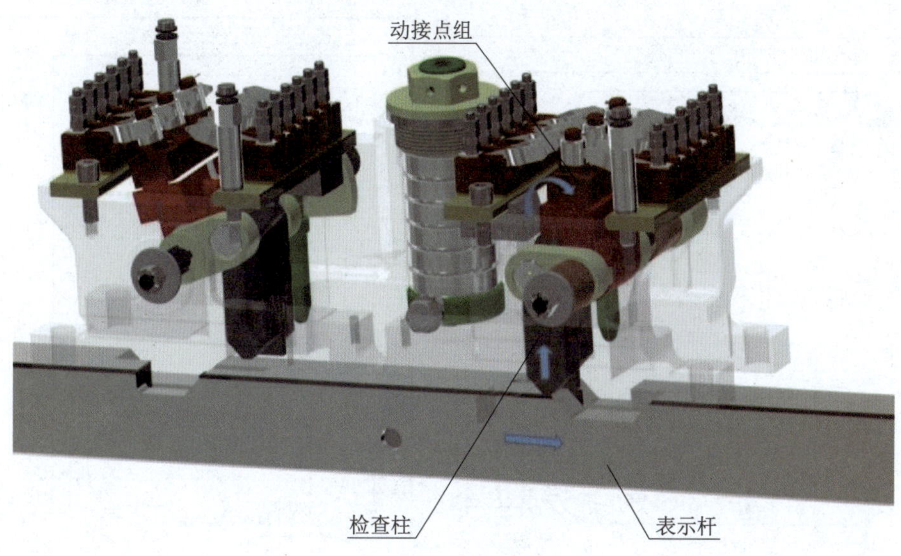

图 2-26　表示杆断表示示意

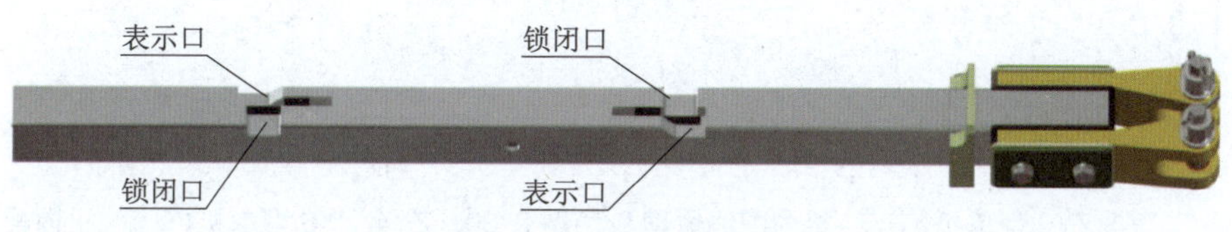

图 2-27　锁闭表示杆

挤岔杆动作带动挤岔杆上的调整板或固定板动作,使左或右挤岔架上滚轮抬起,从而切断原表示(图 2-28)。通过调整调整板可满足不同道岔动程的需要。

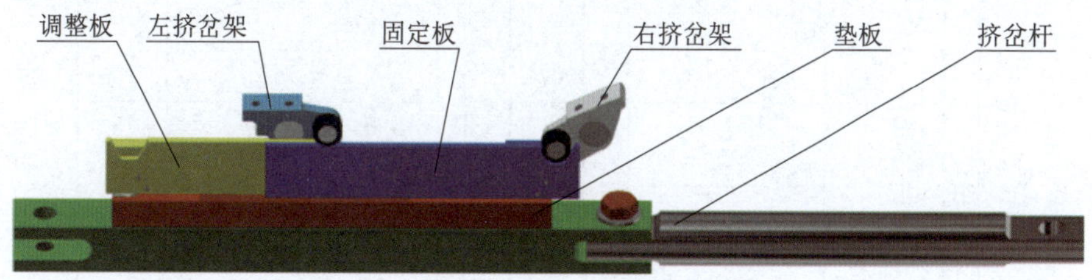

图 2-28　挤岔断表示机构结构示意

2.2.3　ZY 系列电液转辙机机内配线原理图

ZY 系列电液转辙机出厂时配有机内配线。机内端子除连接电动机的 5 柱端子外,其余端子全部直接引出至电缆盒内。

有密贴检查器的配线必须在转辙机和转换锁闭器配线后返回密贴检查器进行配线,防止密贴检查器先到位表示,而影响转换锁闭器动作。

ZY 系列常用机内配线原理图如图 2-29～图 2-45 所示。ZY(J)7 型电液转辙机与 ZY(J)7(M)型电液转辙机机内配线图一致。

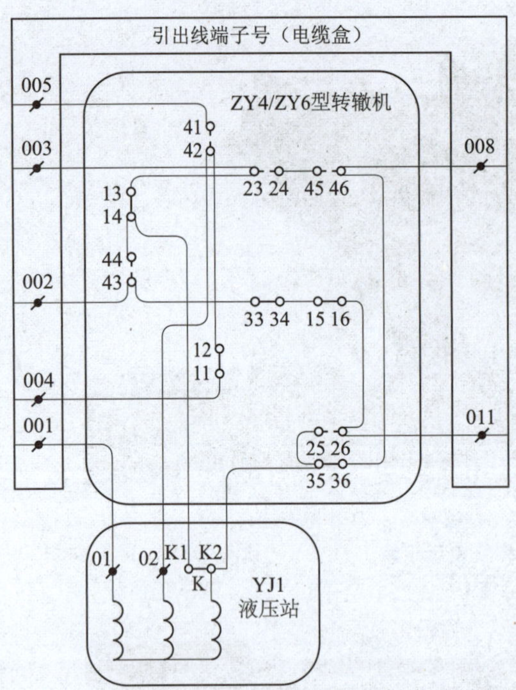

本图按照转辙机在定位时1、3排接点闭合设计

图 2-29　ZY4/ZY6 型单机(交流)机内配线原理

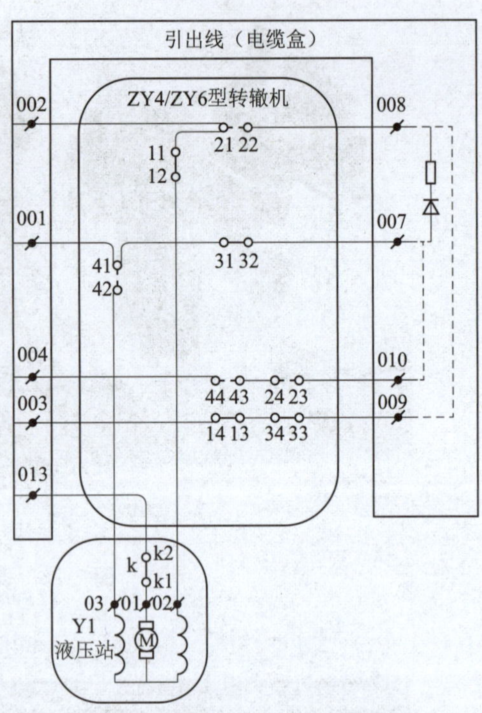

本图按照接点1、3排闭合设计

图 2-30　ZY4/ZY6 型单机(直流)机内配线原理

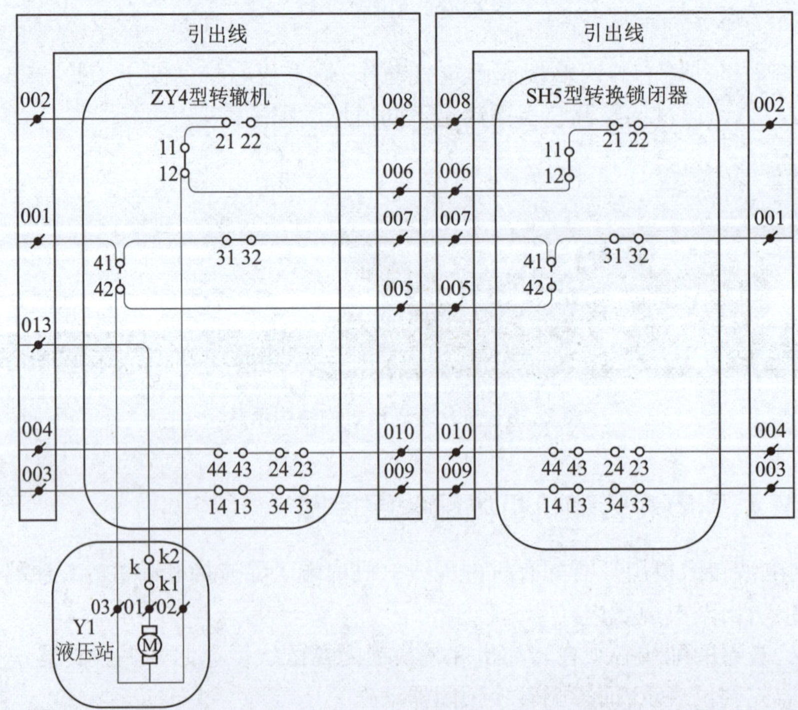

ZY4作为一动时将电缆盒内的003与004连接；作为末动时SH5引出线在电缆盒内将001与004、002与003连接

图 2-31　ZY4 型两点牵引(直流)机内配线原理

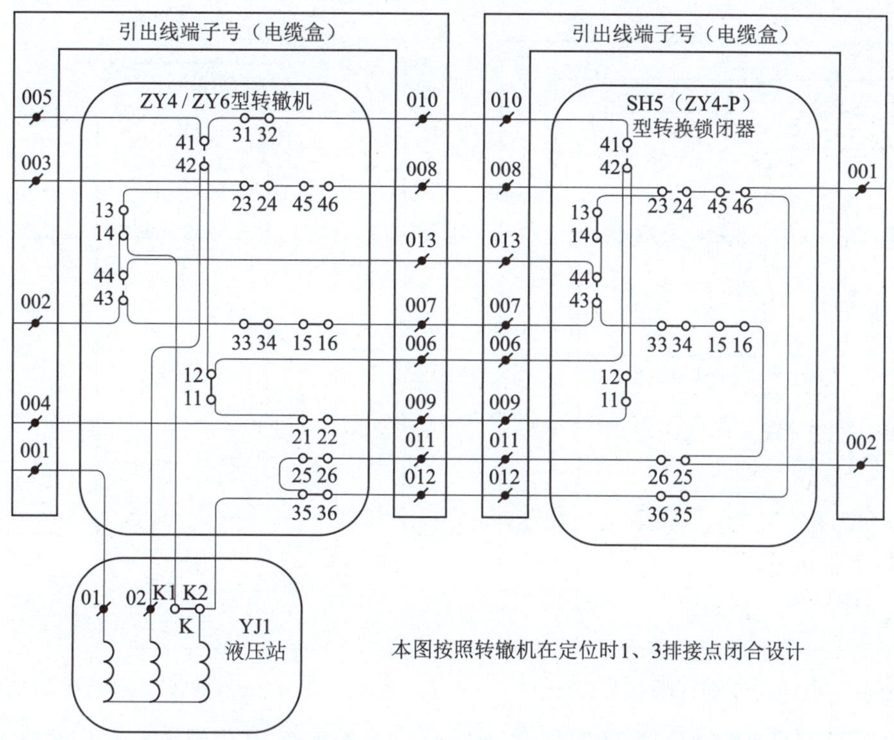

图 2-32　ZY4/ZY6 型两点牵引(交流)机内配线原理

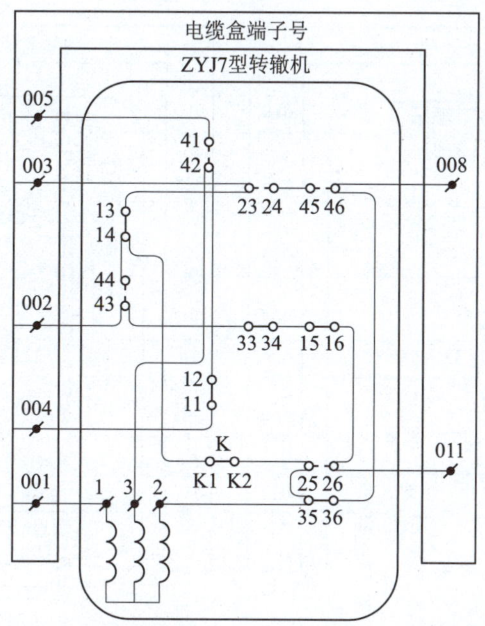

本图按照转辙机在定位时1、3排接点闭合设计

图 2-33　ZYJ7 型单机(交流)机内配线原理

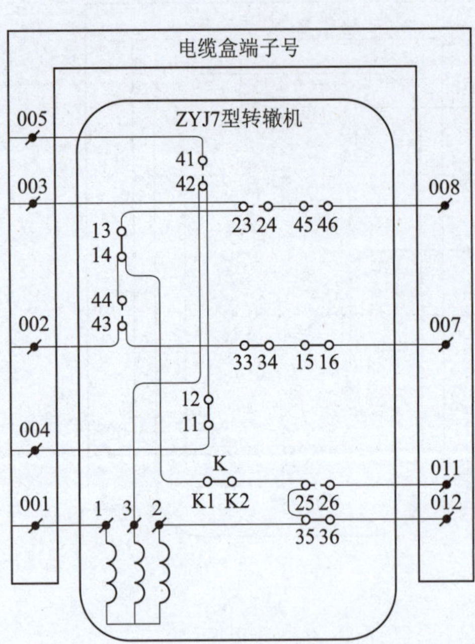

本图按照转辙机在定位时1、3排接点闭合设计

图 2-34　ZYJ7 型单机(交流)带密检器机内配线原理

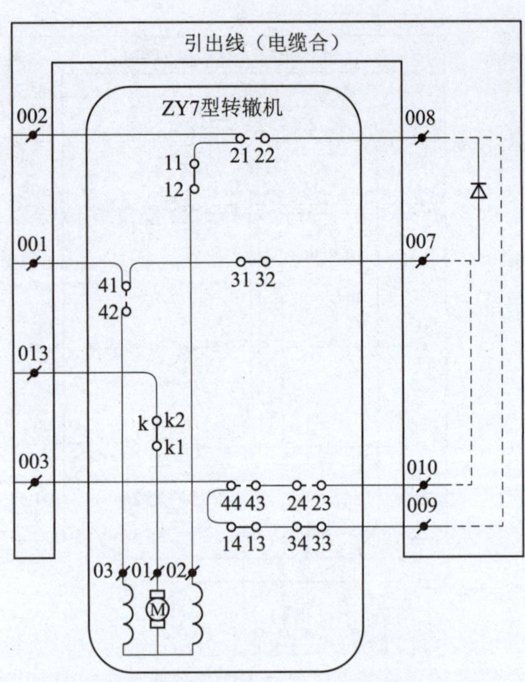

本图按照转辙机在定位时1、3排接点闭合设计

图 2-35　ZY7 型单机(直流)机内配线原理

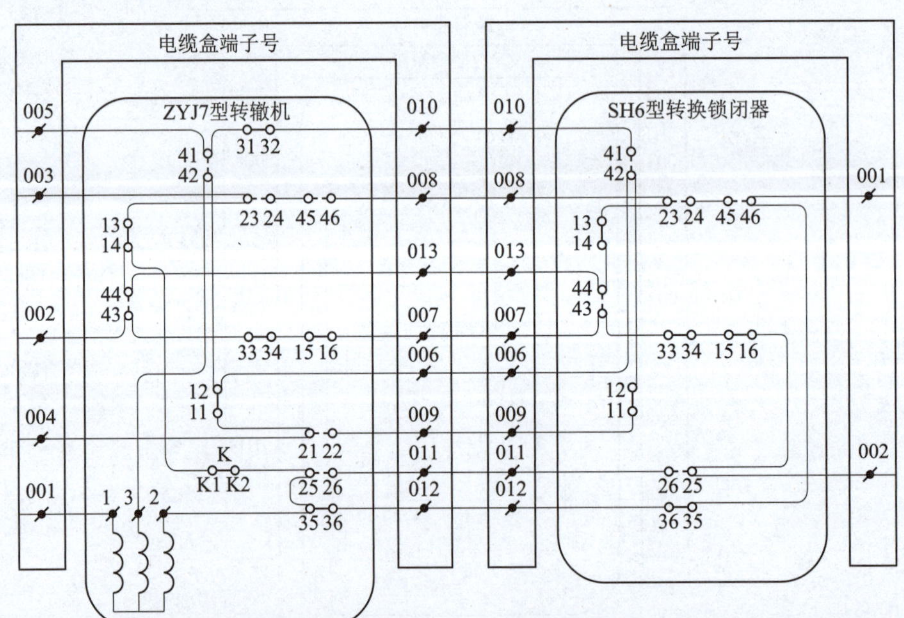

本图按照转辙机在定位时1、3排接点闭合设计

图 2-36　ZYJ7 型两点牵引(交流)机内配线原理

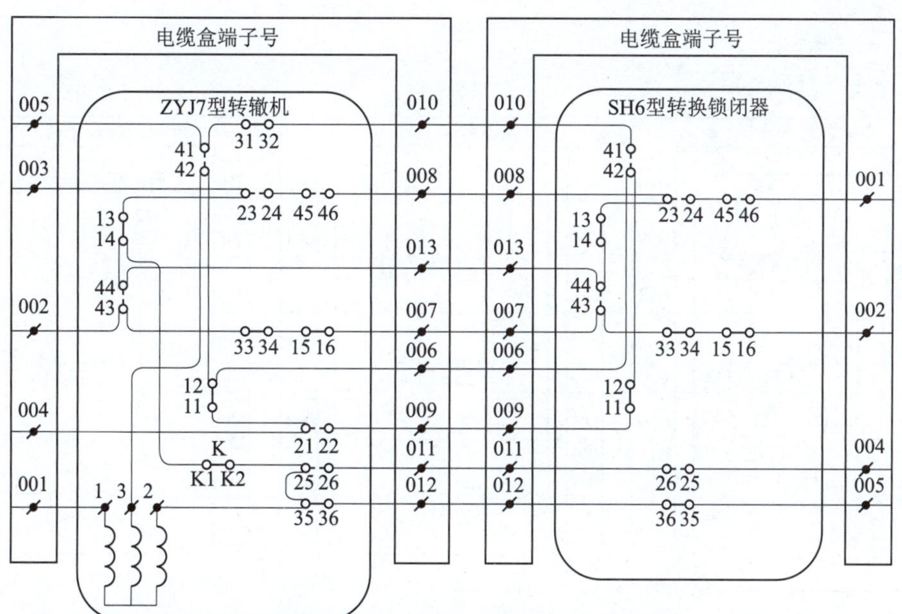

本图按照转辙机在定位时1、3排接点闭合设计

图 2-37　ZYJ7 型两点牵引(交流)带密检器机内配线原理

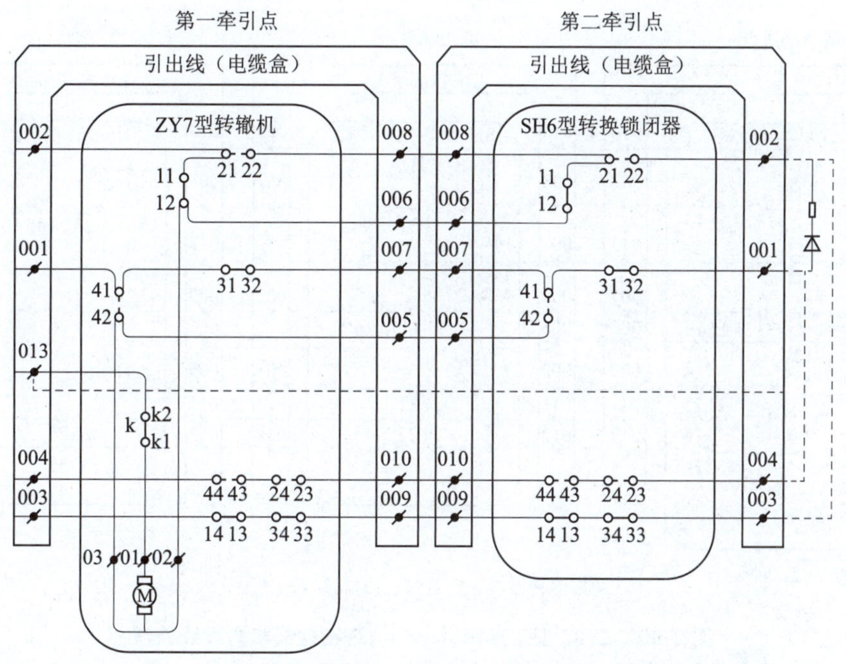

本图按照转辙机在定位时1、3排接点闭合设计

图 2-38　ZY7 型两点牵引(直流)机内配线原理

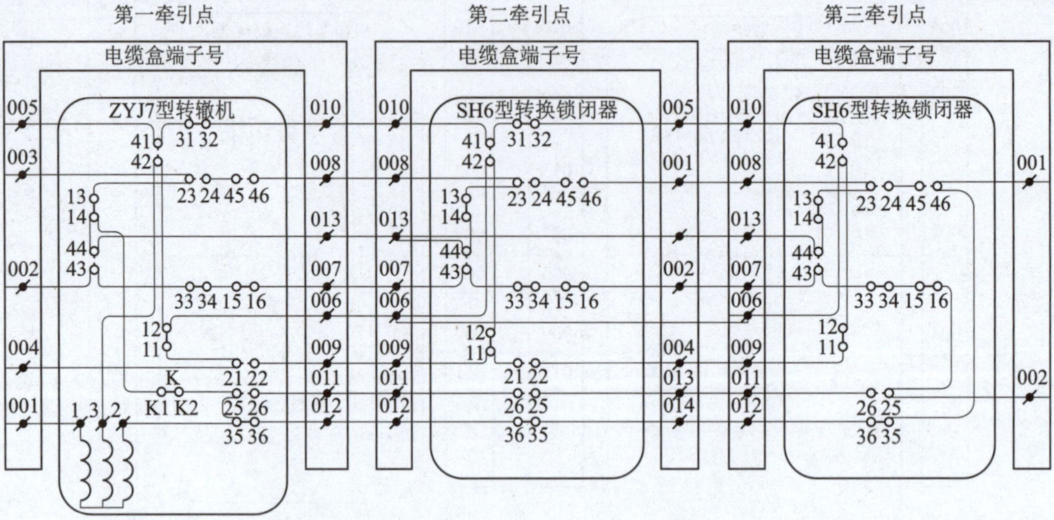

本图按照转辙机在定位时1、3排接点闭合设计

图 2-39 ZYJ7 型三点牵引(交流)机内配线原理

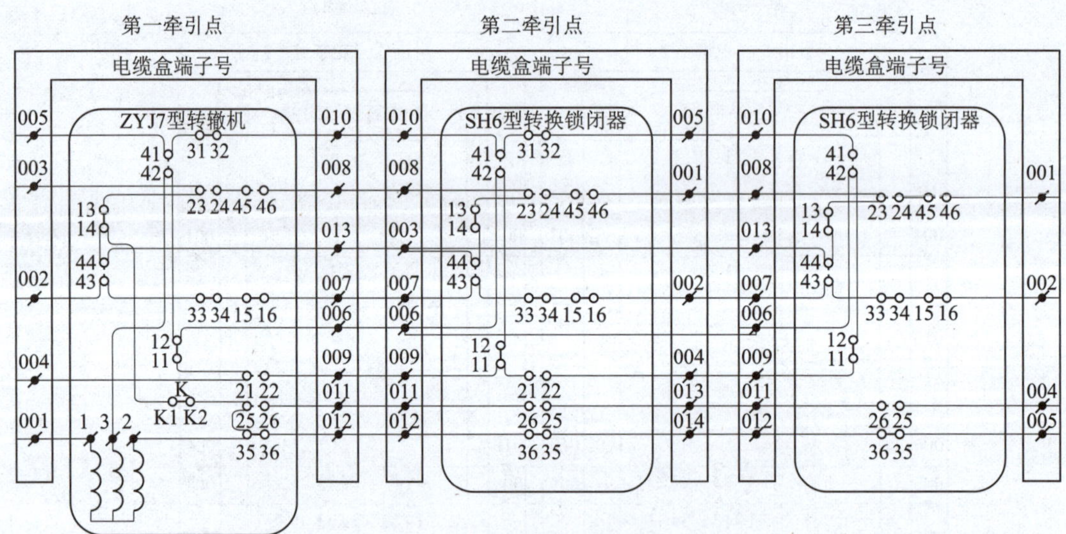

本图按照转辙机在定位时1、3排接点闭合设计

图 2-40 ZYJ7 型三点牵引(交流)带密检器机内配线原理

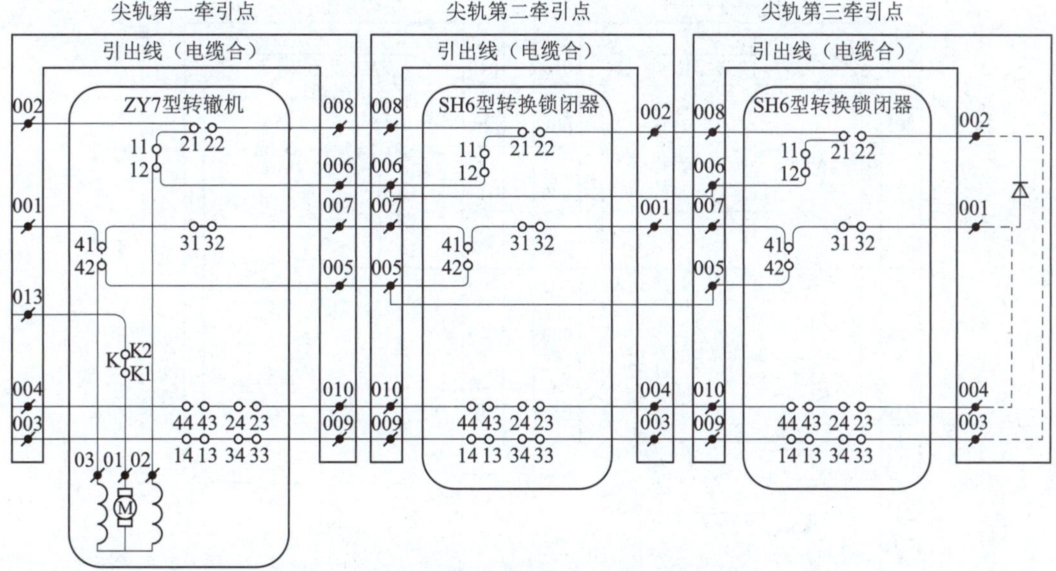

图 2-41　ZY7 型三点牵引(直流)机内配线原理

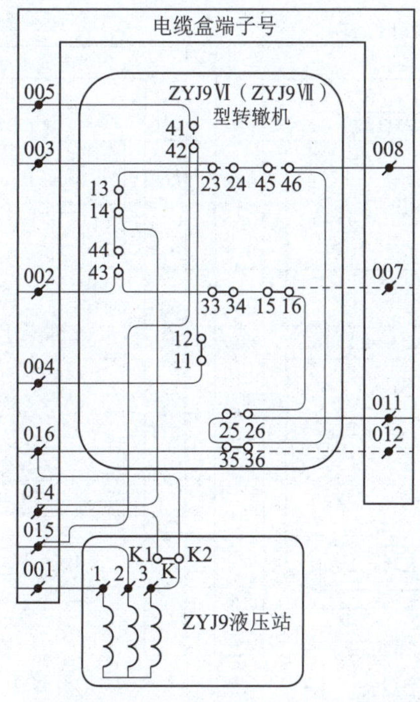

图 2-42　ZYJ9(M)型单机(交流)机内配线原理

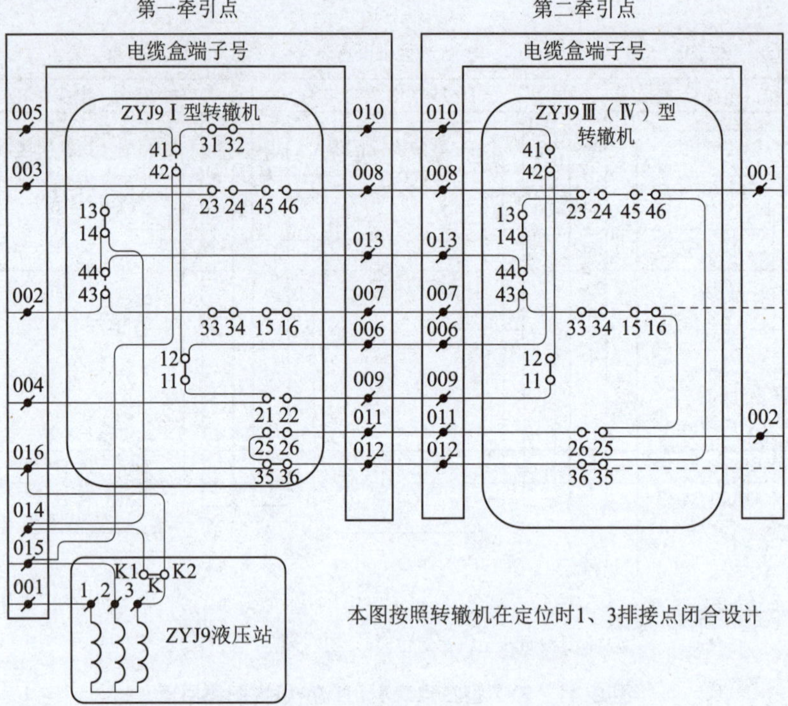

图 2-43　ZYJ9(M)型两点牵引(交流)机内配线原理

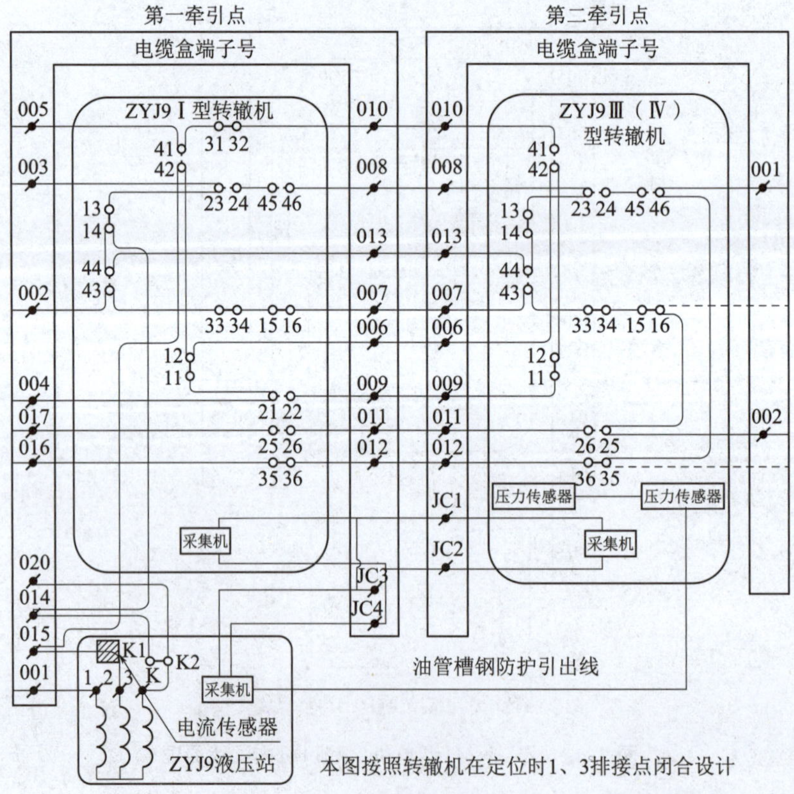

图 2-44　ZYJ9(M)型两点牵引带监测(交流)机内配线原理

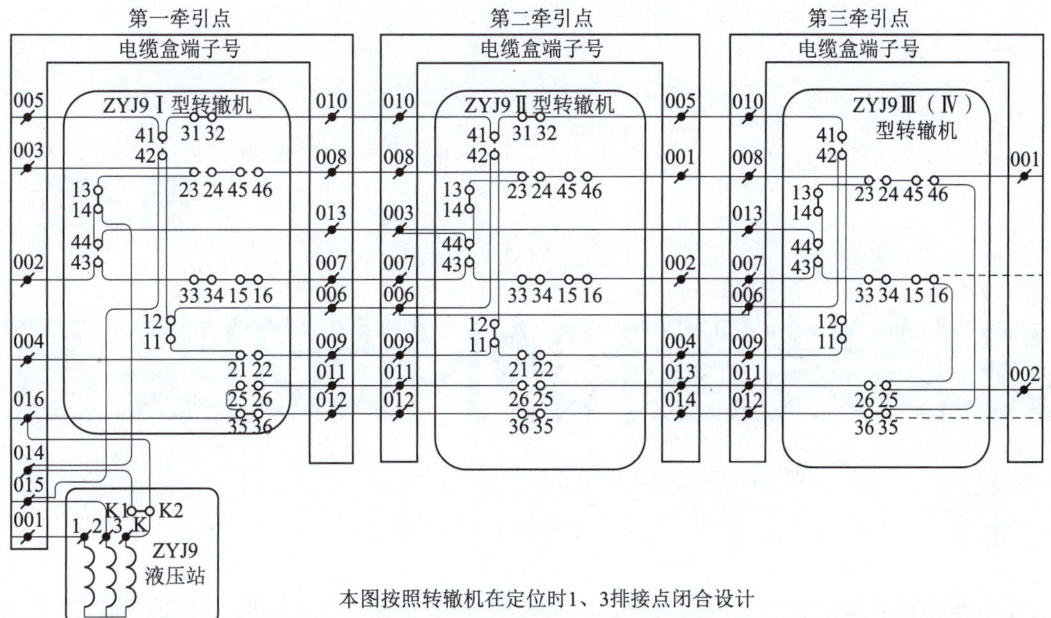

图2-45　ZYJ9(M)型三点牵引(交流)机内配线原理

第3章 安装装置和外锁闭装置

不同类型的道岔有不同的结构、尺寸,与转换设备连接的方式和尺寸也不一样,为了实现功能、达到指标,对不同的道岔使用不同类型的安装装置,大致可分为内锁闭安装装置与外锁闭安装装置。

3.1 内锁闭安装装置

内锁闭是通过转辙机与安装装置杆件对道岔尖轨、心轨进行锁闭,内锁闭安装装置包含支撑和固定转辙机、转换锁闭器的角钢基础或托板和连接杆件。通常使用在列车通过速度小于120 km/h 的道岔上,同时应满足转辙机在道岔左侧或右侧安装的需要。

3.1.1 分 类

内锁闭安装装置按安装方式分为角钢安装与托板安装;根据道岔类型分为单开道岔内锁闭安装装置和复式交分道岔内锁闭安装装置;根据转辙机类型分为 ZY(J)4、ZY(J)6、ZY(J)7、ZY(J)6F、ZY(J)S7、ZY(J)9 等内锁闭安装装置。

3.1.2 道岔开向及转辙机安装位置定义

站在岔头,面向岔尾,曲基本轨在右侧为右开道岔,曲基本轨在左侧为左开道岔。转辙机安装在右侧时,使用左伸转辙机,即右装左伸,当道岔是左开道岔时称为右直安装,当道岔是右开道岔时,称为右曲安装;转辙机安装在左侧时,使用右伸转辙机,即左装右伸,当道岔是左开道岔时,称为左曲安装,当道岔是右开道岔时,称为左直安装。

3.1.3 单开道岔内锁闭安装装置

1. ZY(J)4 内锁闭安装装置

道岔根据轨型与辙叉角不同又分为 43 kg/m 钢轨 6 号等,50 kg/m 钢轨 9 号、12 号、

18 号等,60 kg/m 钢轨 9 号、11 号、12 号、18 号等类型道岔,不同单开道岔的岔枕配置不同,有木枕和混凝土枕之分,采用 ZY(J)4 型电液转辙机牵引时,通常设置 2 个牵引点,安装方式可分为角钢安装与托板安装。

(1)角钢安装(图 3-1)

1—基础角钢;2—GL 型连接杆;3—GTM 密贴调整杆;4—GA 型尖端杆

图 3-1　角钢安装[ZY(J)4]

①基础角钢(图 3-2)

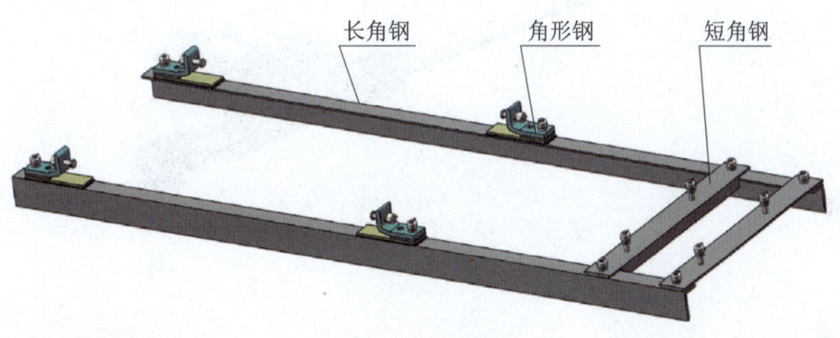

图 3-2　基础角钢

内锁闭安装装置角形铁根据轨型可分为 43 型角形铁、50 型角形铁、60 型角形铁。

②GL 型连接杆(图 3-3、图 3-4)

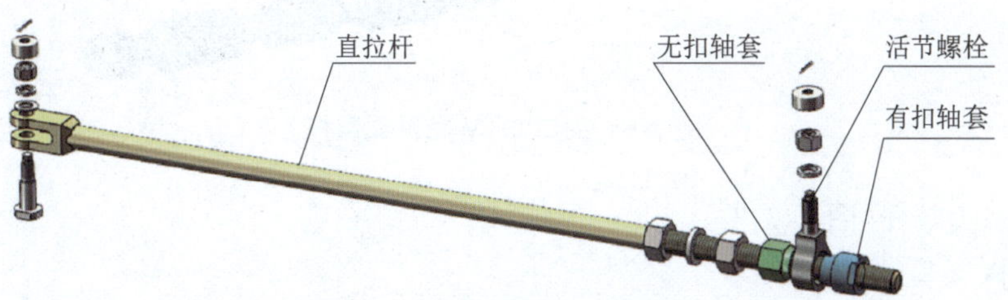

图 3-3　尖一 GL 型连接杆

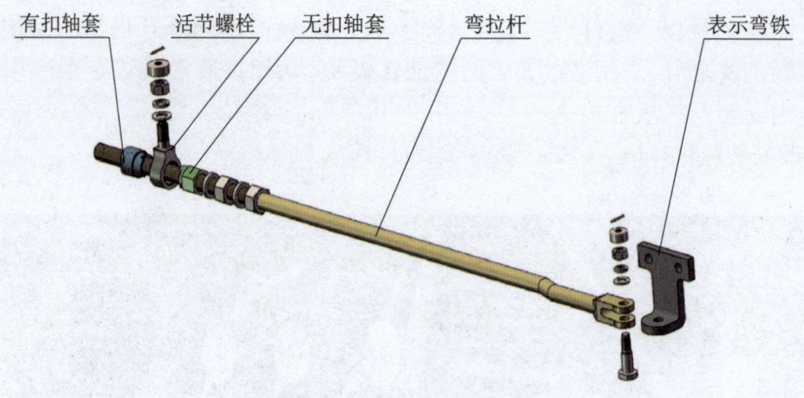

图 3-4　尖二 GL 型连接杆

③GTM 密贴调整杆(图 3-5、图 3-6)

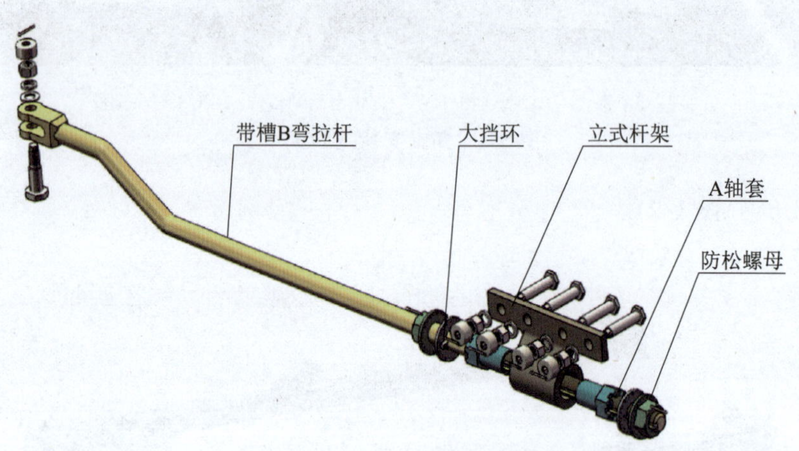

图 3-5　尖一 GTM 密贴调整杆

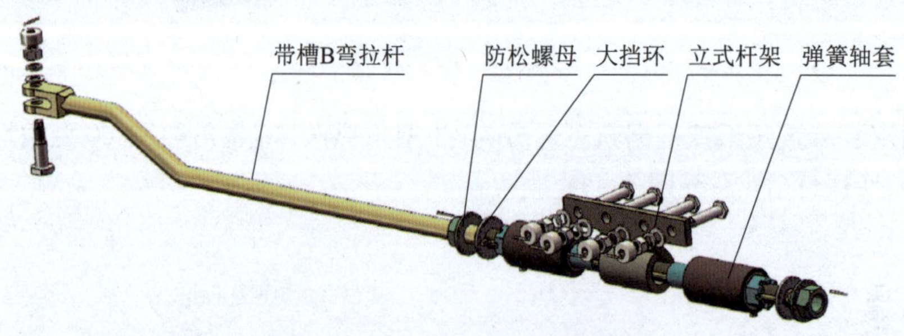

图 3-6　尖二 GTM 密贴调整杆

④GA 型尖端杆(图 3-7)

(2)托板安装(图 3-8)

托板安装方式中基础托板的结构如图 3-9 所示,其余部件外形、结构及名称与角钢安装装置相同。

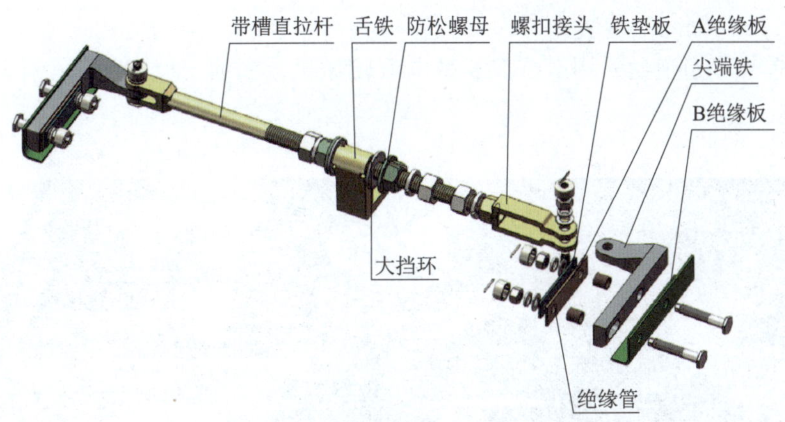

图 3-7 GA 型尖端杆

1—基础托板;2—GL 型连接杆;3—GTM 密贴调整杆;4—GA 型尖端杆

图 3-8 托板安装[ZY(J)4]

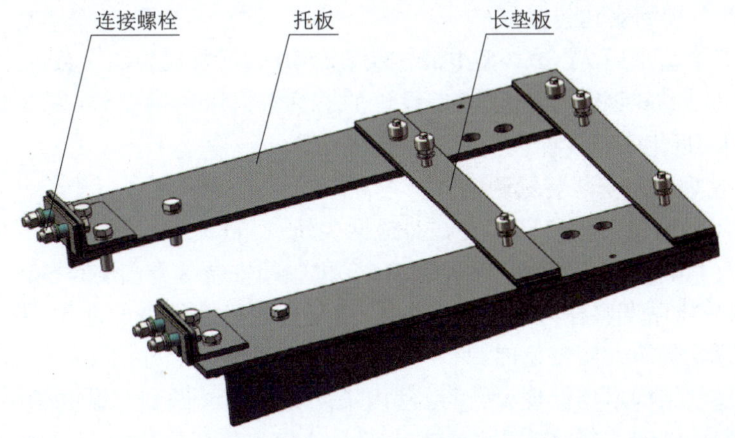

图 3-9 基础托板

2. ZY(J)6 内锁闭安装装置

内锁闭单点牵引道岔采用 ZY(J)6 型电液转辙机牵引时,通常使用角钢安装方式,如图 3-10 所示。

1—基础角钢;2—GL 型连接杆;3—GA 型尖端杆;4—GTM 密贴调整杆;5—B 弯拉杆

图 3-10　角钢安装[ZY(J)6]

因 ZY(J)6 型电液转辙机比 ZY(J)4 型电液转辙机多一根挤岔杆,安装装置相应多出了 B 弯拉杆(图 3-11)。

图 3-11　B 弯拉杆部件

3. ZY(J)7 内锁闭安装装置

内锁闭单开道岔采用 ZY(J)7 型电液转辙机牵引时,通常设置一个或两个牵引点,多用在 50 kg/m 或 60 kg/m 钢轨道岔上,早期设计的道岔多采用角钢安装(图 3-12),随着道岔制造水平的提升,近年来新设计道岔多采用托板安装。

4. 单开道岔内锁闭安装装置调整

道岔内锁闭是通过转辙机杆件实施对道岔尖轨、心轨锁闭的方式,主要应用于传统联动道岔。以 ZY(J)4 型电液转辙机为例介绍道岔内锁闭安装装置(图 3-13)的调整:转辙机动作杆通过 GTM 密贴调整杆与道岔方钢连接,通过转辙机动作杆的动作,带动道岔完成转换。由于联动道岔尖轨一侧密贴时,另一侧尖轨的斥离位置由方钢保持,斥离尖轨与基本轨间的开口由道岔结构本身保证,所以道岔内锁闭只要能够做到密贴并锁闭密贴尖轨,就能保证道岔尖轨的锁闭。GTM 密贴调整杆与道岔方钢连接部分如图 3-14 所示,调整其中 A 轴套的位置可完成尖轨密贴的调整。

图 3-12　现场角钢安装

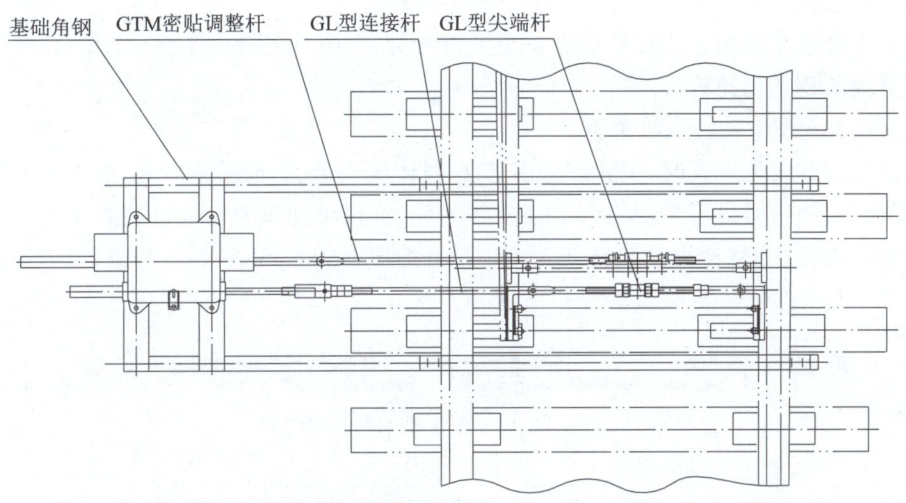

图 3-13　道岔内锁闭安装装置[以 ZY(J)4 型电液转辙机为例]

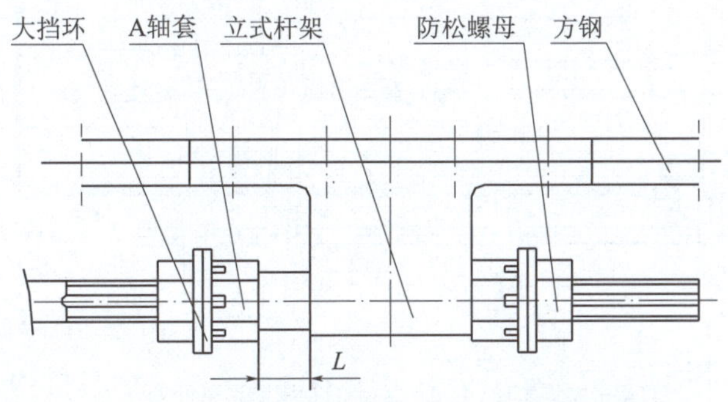

图 3-14　GTM 密贴调整杆与道岔方钢连接部分

5. 内锁闭特点

作为在我国长期使用的道岔锁闭制式,道岔内锁闭具有以下特点:

(1)零部件较少,造价低,安装、调整简单,易于维护。

(2)转辙机和安装装置对不同动程道岔的适应性好,即较少的规格和型号就可满足各种动程道岔的使用需要。

道岔内锁闭最终是由转辙机内动作杆锁闭装置和锁闭杆辅助锁闭功能来实现尖轨锁闭的,当列车速度增大时,转辙机内锁闭机构将受到更大的冲击,可能会因疲劳、断杆而失去本身的锁闭功能,存在一定的安全隐患。

3.1.4 复式交分道岔内锁闭安装装置

复式交分道岔具备结构紧凑、占地面积小、能完成四组单开道岔组合功能的优势,因此在现场大量使用。随着我国设计水平与加工工艺水平的不断提高,各种型号道岔与转换设备的发展日新月异,复式交分道岔经历了从 43 kg/m 钢轨、50 kg/m 钢轨、60 kg/m 钢轨到 75 kg/m 钢轨的发展。

复式交分道岔安装方式按牵引设备类型可分为 ZY(J)6 型和 ZY(J)S7 型;按安装基础不同可分为角钢式和托板式。

1. ZY(J)6 型电液转辙机牵引

采用角钢式安装方式时,尖轨部分由 ZY6 型转辙机牵引,心轨部分由 ZY4-P 型转辙机牵引,尖轨、心轨转辙机可共用一台 Y(J)1 液压站,亦可单独设置。安装装置主要由基础角钢、GL 型连接杆、GTM 密贴调整杆、GA 型尖端杆组成。60 kg/m 钢轨 9 号道岔(专线 6077~专线 6079)尖轨部分安装示意如图 3-15 所示。

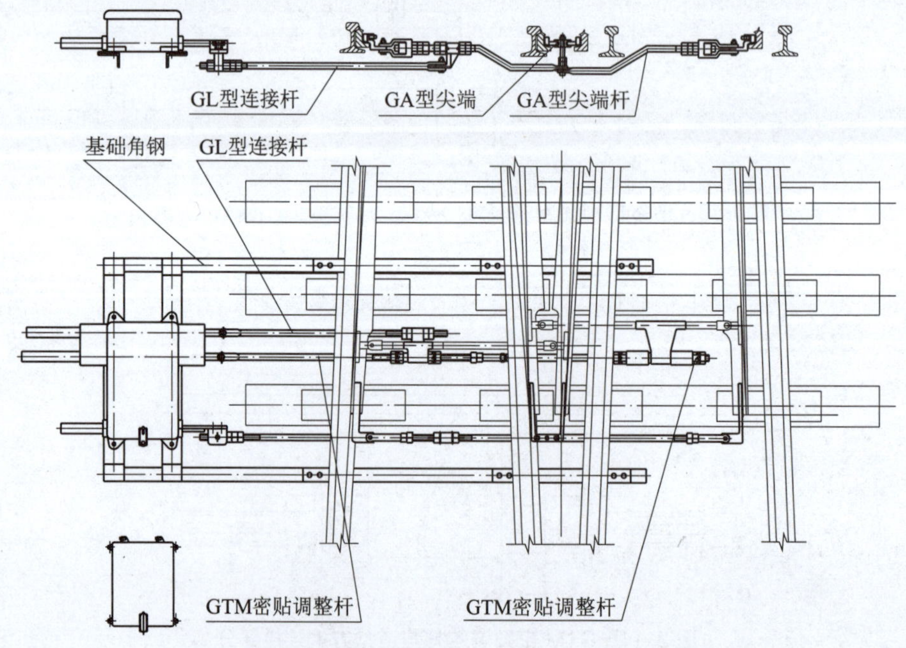

图 3-15 ZY(J)6 型电液转辙机角钢安装尖轨部分安装示意

心轨部分安装装置主要由基础角钢、GL 型连接杆、GTM 密贴调整杆、GA 型尖端杆组成。转辙机可根据现场要求安装在同侧或异侧,同侧安装与异侧安装主要不同于基础角钢部分,同侧安装时长角钢较异侧安装时短,短角钢同时安装 2 台转辙机;异侧安装时长角钢横穿轨底,短角钢上各安装 1 台转辙机,其余杆件不变。60 kg/m 钢轨 9 号道岔(专线 6077~专线 6079)心轨部分安装装置安装示意如图 3-16 所示,为转辙机同侧安装。

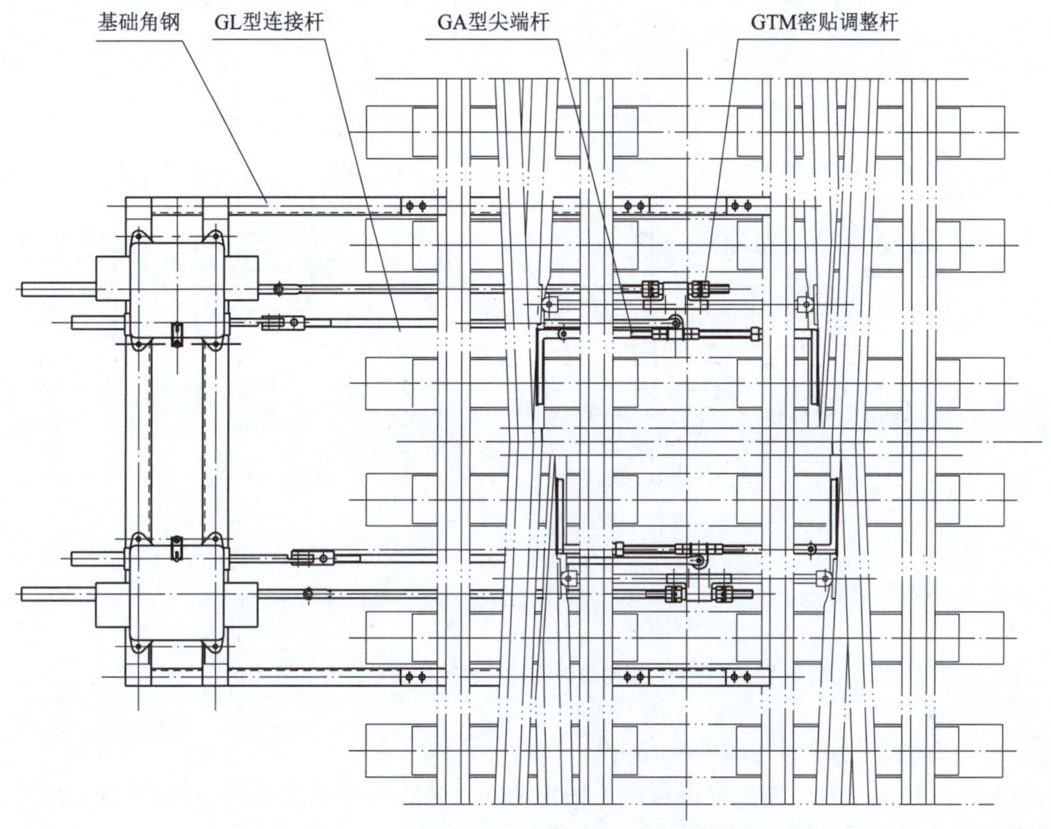

图 3-16 ZY(J)6 型电液转辙机角钢安装心轨部分安装示意

采用角钢式安装时,长角钢要求固定在基本轨上。长角钢打孔需现场测量,增加工作量,而且测量轨底时人为引起的误差较大,对现场安装有一定的影响。长角钢在两枕木之间占据一定宽度,再加上各种连接杆也是在两枕木之间,影响线路捣固,列车通过时由于捣固不良产生的振动、冲击会很大,进而影响转换设备的稳定性和寿命。

采用托板式安装时,在牵引点处的水泥枕上预留有 3 个孔。托板固定在水泥枕上,与水泥枕之间有 5 mm 厚的橡胶垫,用 3 条 M24 的高强度螺栓连接在一起,这种连接既保证了强度又可以缓冲振动。托板及横连板上的孔可根据道岔枕木间距及相关尺寸计算得出,所以装置出厂前都已打孔,现场安装时应先要核对枕木间距,再进行安装。

采用托板式安装时,托板与弯板质量轻,通过螺栓与混凝土轨枕固定,方便现场施工,而且孔及各部尺寸都可以计算得出,有利于加工单位组织生产。采用这两种方式安装时,转辙机固定在托板上,列车通过时产生的振动、冲击通过滑床板和轨枕有一次缓冲,通过托板又有一次缓冲,作用到转辙机上的振动与冲击大大减少,从而增强了转辙机工作稳定性,延长转换设备使用寿命。75 kg/m 钢轨 12 号道岔(SC547)采用 ZY(J)6 型电液转辙机托板安装,尖轨部分安装示意如图 3-17 所示。

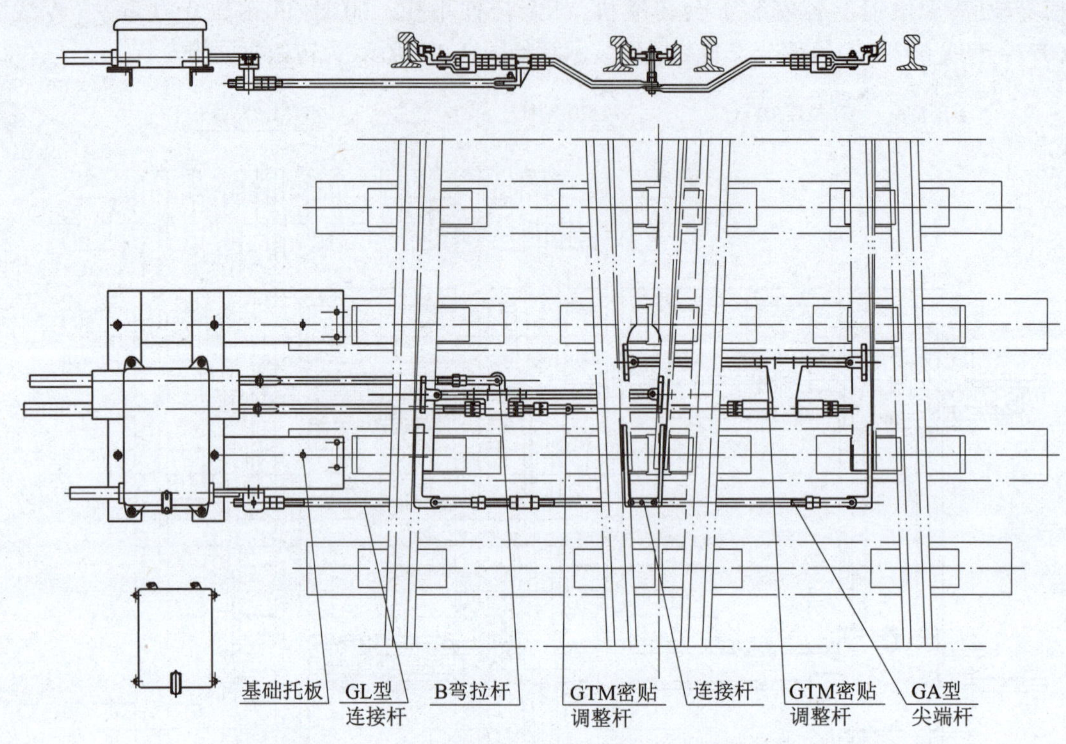

图 3-17 ZY(J)6 型电液转辙机托板安装尖轨部分安装示意

2. ZY(J)S7 型电液转辙机牵引

ZY(J)S7 型电液转辙机牵引可以采用角钢式安装或托板式安装,采用托板式安装时,尖轨部分安装示意如图 3-18 所示。

(1)安装前检查及准备

①根据尖轨转辙机安装位置(左侧或右侧)检查道岔方钢位置,靠近转辙机侧为后方钢,远离转辙机侧为前方钢。

②尖轨表示杆与尖端杆舌铁需预先连接,带托架的尖端杆(长尖端铁)连短表示杆,不带托架的尖端杆(短尖端铁)连长表示杆,连接时表示杆弯均朝上。拆下舌铁连接表示杆时,注意检查舌铁方向和各部件位置:带托架的尖端杆上,舌铁总是在螺扣接头一侧,靠近转辙机并朝向转辙机方向;托架总是在蛤蟆口一侧,远离转辙机并朝向岔尖方向(尖端杆螺扣接头总是与 1、4 尖轨连接,蛤蟆口总是与 2、3 尖轨连接)。

③转辙机与液压站用油管连接,尖轨、心轨转辙机正常动作时一伸出、一拉入,故液压站接出油管一组交叉、一组不交叉,排气、注油、手摇检查转辙机动作。

(2)转辙机的安装

①角钢式和托板式安装装置,不管转辙机在左侧还是右侧,均遵循转辙机靠岔后安装

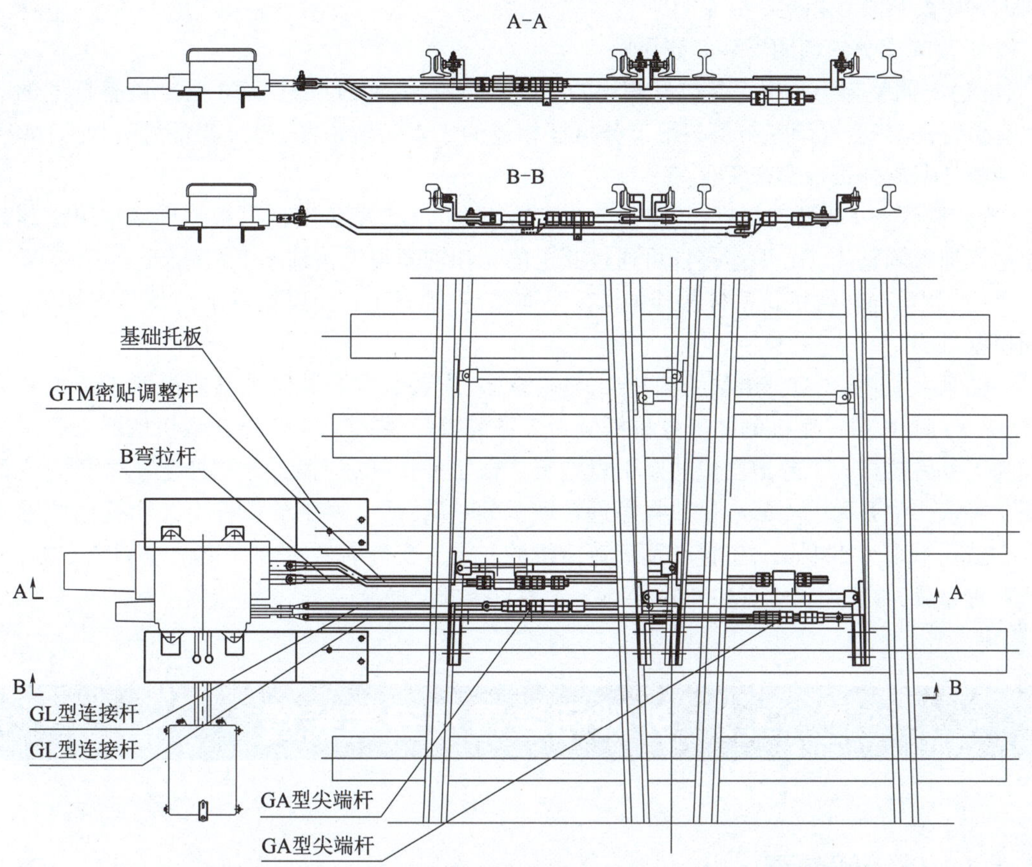

图 3-18 ZY(J)S7 型电液转辙机托板安装尖轨部分安装示意

的原则。即角钢式安装时,尖轨转辙机横连板近距两孔朝岔后;托板式安装时,尖轨转辙机横连板与弯板上岔后方向的孔连接,心轨转辙机横连板近距两孔朝岔后。

②尖心轨转辙机开盖方向都站在岔尖,即尖轨、心轨转辙机背靠背,动作时一伸出一拉入。

(3)尖轨部分安装装置的安装及调整

①可先安装尖端铁,通过撬尖轨将 2、3 尖端铁与尖端杆蛤蟆口连接,销子从上往下穿,1、4 尖端铁与尖端杆螺扣接头先不连接,等方钢连接好及动作杆调整完开口及密贴后,再通过旋转螺扣接头连接尖端铁。

②安装密贴调整杆时,短动作杆上的托架朝岔后方向,在远离转辙机侧,与尖端杆上托架背靠背;长动作杆从托架中穿过后再与方钢连接。

③由于靠近转辙机侧永远都是后方钢,对应长尖端铁,故短动作杆及短表示杆均靠岔后方向,即长动作杆及长表示杆均靠岔前方向,左右装都是如此。

④密贴调整杆与转辙机连接后,操动转辙机拉动道岔,先调整开口再调整密贴;然后把 1、4 尖端铁与尖端杆螺扣接头连接,按先调伸出再调拉入的顺序调整机内缺口。

(4)心轨部分安装装置的安装及调整

心轨表示杆舌铁朝岔后方向,尖端铁螺扣接头和蛤蟆口不分左右,安装调整方法和普通内锁闭安装装置相同。

3. 复式交分内锁闭安装装置调整

(1)先调整与第一根工务拉杆相连的1、3尖轨密贴,通过调整GTM密贴调整杆上的A轴套位置来实现,再调整与第二根工务拉杆相连的2、4尖轨密贴,通过调整另一根GTM密贴调整杆上的弹簧轴套来实现。

(2)再调整GL型连接杆,其中与2、3尖轨相连的GA型尖端杆可根据现场情况在其背面适当加入调整片,GL型连接杆可通过其上的无扣轴套与无扣轴套来调整。

(3)调整与转辙机挤岔杆相连的GL型连接杆,通过GL型连接杆上的螺母来调节,达到挤岔目的。

注意事项:复式交分道岔结构复杂,杆件众多,安装装置安装时尤其要注意工务拉杆位置,靠ZY(J)6型转辙机侧的工务拉杆应为工务前拉杆,靠ZY(J)7型转辙机侧的工务拉杆应为工务后拉杆。工务道岔尖轨牵引点处有2根工务拉杆,一根工务拉杆上4个孔的位置距丁字铁孔中心为134 mm,位置在靠近转辙机的一端;另一根工务拉杆上4个孔的位置距丁字铁孔中心为204 mm,位置在远离转辙机的一端。安装装置可装在道岔左侧或右侧,装置对称布置,并将道岔1、3尖轨拉杆与2、4尖轨拉杆交换。

3.2 外锁闭装置及安装装置

3.2.1 外锁闭装置

外锁闭装置是指通过转辙机转换并直接把尖轨与基本轨、心轨与翼轨锁闭在一起的机械装置。列车直向通过速度大于120 km/h或重载道岔及其他有特殊要求的道岔,可动心轨辙叉、单开道岔应采用外锁闭装置。

3.2.2 安装装置

外锁闭安装装置是指支撑和固定转辙机、密贴检查器、转换锁闭器的托板和连接杆件。

3.2.3 多点多机牵引

对于设置两点及以上牵引点的道岔,每一个牵引点设置独立的转辙机或转换锁闭器进行转换锁闭。多点多机牵引道岔可采用全转辙机(全主机)或转辙机+转换锁闭器(主、副机)两种形式。采用转辙机+转换锁闭器形式时,需增加液压油管及相应的支撑、防护装置。

3.2.4 道岔开向及转辙机安装位置定义

站在岔头,面向岔尾,曲基本轨在右侧为右开道岔,曲基本轨在左侧为左开道岔。转辙机安装在右侧时,使用左伸转辙机,即右装左伸,当道岔是左开道岔时称为右直安装,当道岔是右开道岔时,称为右曲安装;转辙机安装在左侧时,使用右伸转辙机,即左装右伸,当道岔是左开道岔时,称为左曲安装,当道岔是右开道岔时,称为左直安装。

3.2.5 外锁闭装置主要零部件

1. 尖轨部分

钩型(GW 型)外锁闭装置尖轨部分主要由锁闭杆组、锁钩组、锁闭框组、尖轨连接铁组等组件组成,如图 3-19 所示。

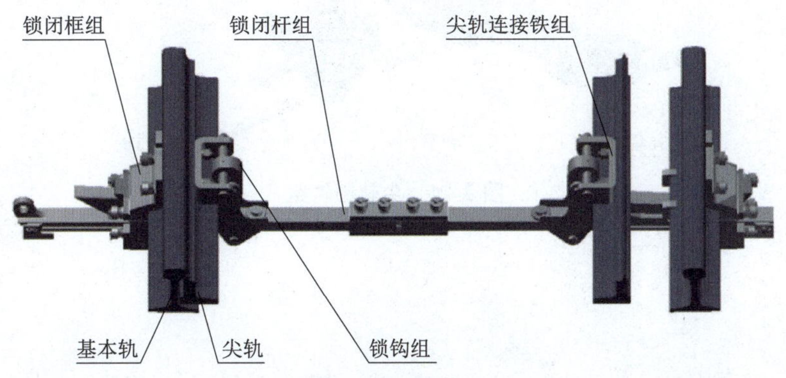

图 3-19 钩型外锁闭装置尖轨部分

(1)锁闭杆组

尖轨锁闭杆组如图 3-20 所示。

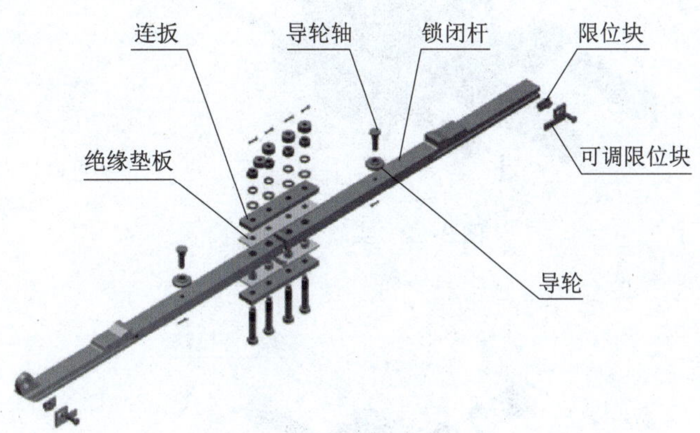

图 3-20 尖轨锁闭杆组

(2)锁钩组

尖轨锁钩组如图 3-21 所示。

(3)锁闭框组

尖轨锁闭框组如图 3-22 所示。

(4)尖轨连接铁组

尖轨连接铁组如图 3-23 所示。

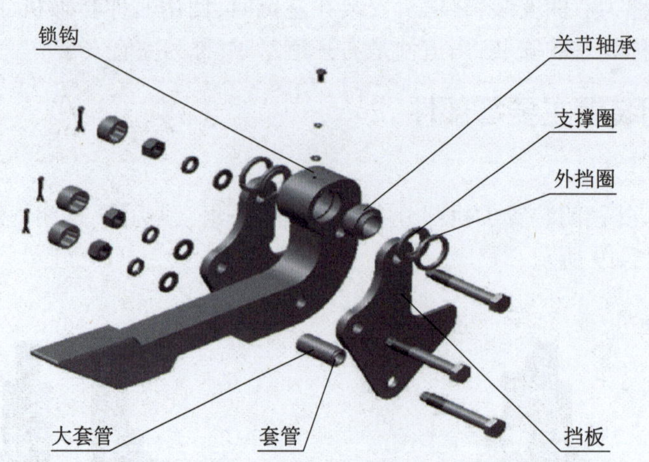

图 3-21　尖轨锁钩组

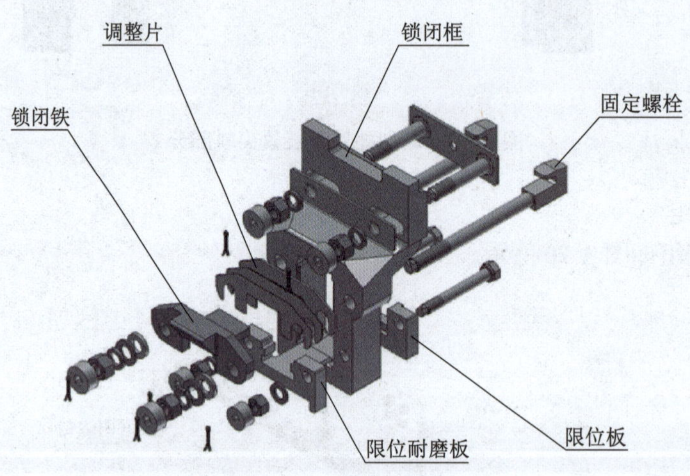

图 3-22　尖轨锁闭框组

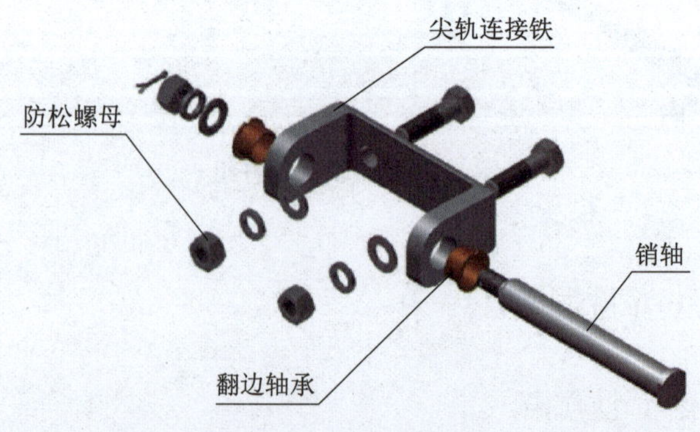

图 3-23　尖轨连接铁组

2. 心轨部分

(1)心轨一动结构

钩型(GW 型)外锁闭装置心轨一动由锁闭杆组、锁钩、锁闭框组等组成,如图 3-24 所示。

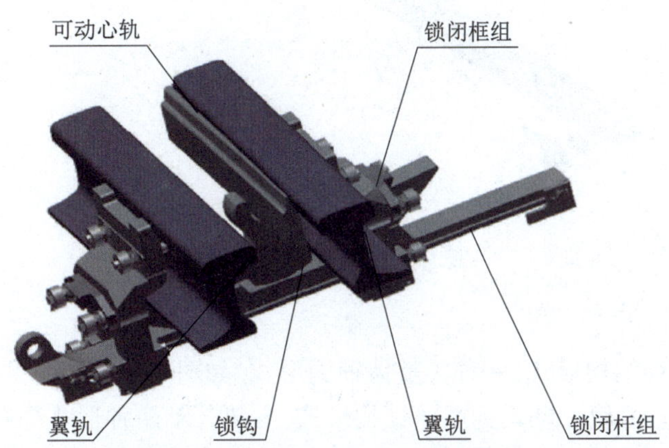

图 3-24 整体锁钩心轨外锁闭装置

(2)心轨二动结构

钩型(GW 型)外锁闭装置心轨二动有两种结构形式,一种为整体锁钩形式,与心轨一动大致相同;另一种为分体锁钩形式,由锁闭杆组、锁钩组、连接铁组和锁闭框组等组成,如图 3-25 所示。

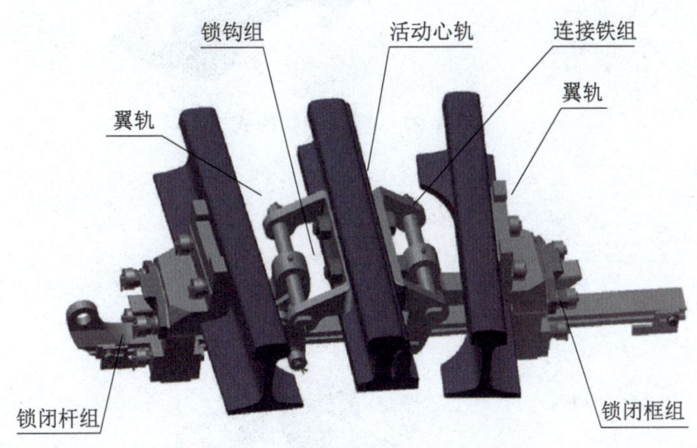

图 3-25 分体锁钩心轨外锁闭装置

(3)心轨三动结构

钩型(GW 型)外锁闭装置心轨三动与心轨二动分体锁钩形式组成相同。

(4)锁闭杆组

心轨锁闭杆组如图 3-26 所示。

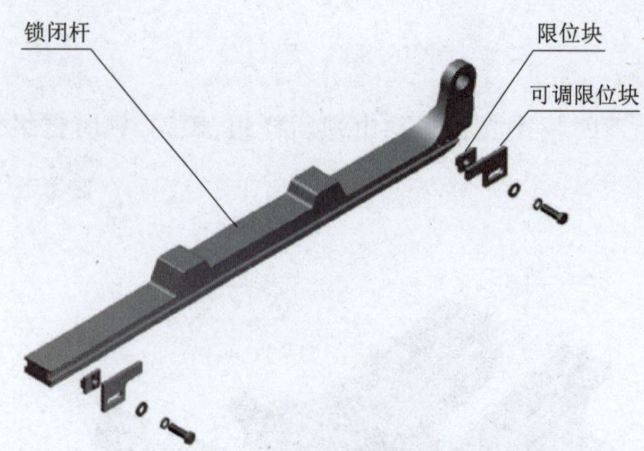

图 3-26　心轨锁闭杆组

(5)锁钩

心轨锁钩有两种结构形式,一种为整体锁钩形式,如图 3-27 所示;另一种为分体锁钩形式,如图 3-28 所示。心轨一动均为整体锁钩形式,心轨二动两种形式都有使用,心轨三动为分体锁钩形式。

图 3-27　整体锁钩形式

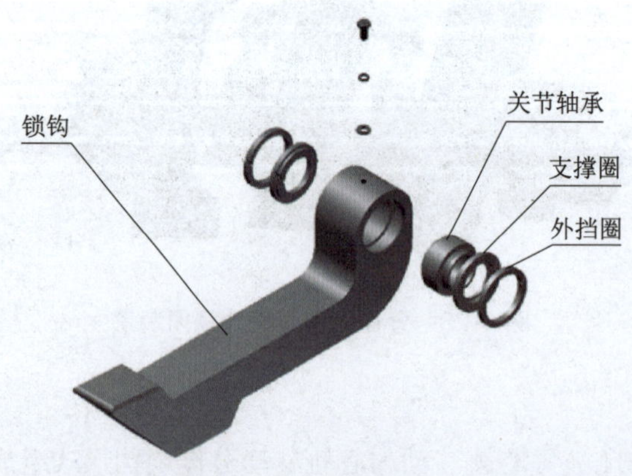

图 3-28　分体锁钩形式

(6)锁闭框组

心轨锁闭框组如图 3-29 所示。

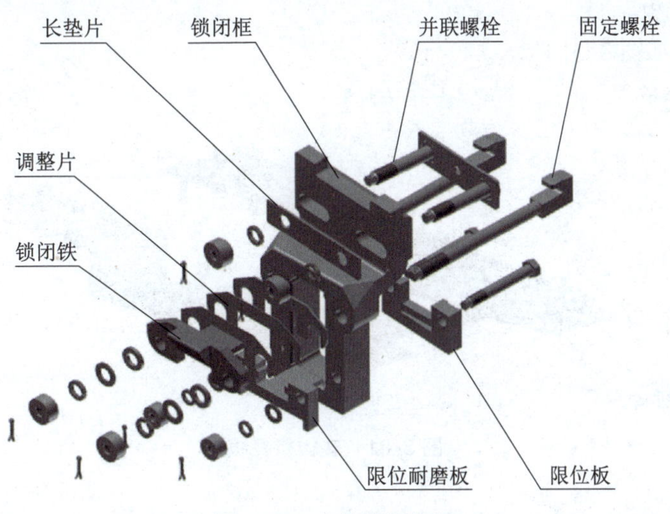

图 3-29 心轨锁闭框组

一般来说,心轨锁闭框根据道岔的开向不同,各牵引点两侧均不相同,需用标识加以区分,具体为:锁闭框标记的倒数第二位表示道岔的开向,左开为 L,右开为 R;标记的倒数第一位表示锁闭框在道岔上的左/右安装位置(面向岔尖),左侧安装为 L,右侧安装为 R。例如,锁闭框标记为 18KZA4LR 时,该锁闭框用于 60 kg/m 钢轨 18 号客专线(07)009 左开道岔,第 4 牵引点(心轨一动)右侧安装时使用。

(7)连接铁组

心轨连接铁组如图 3-30 所示。

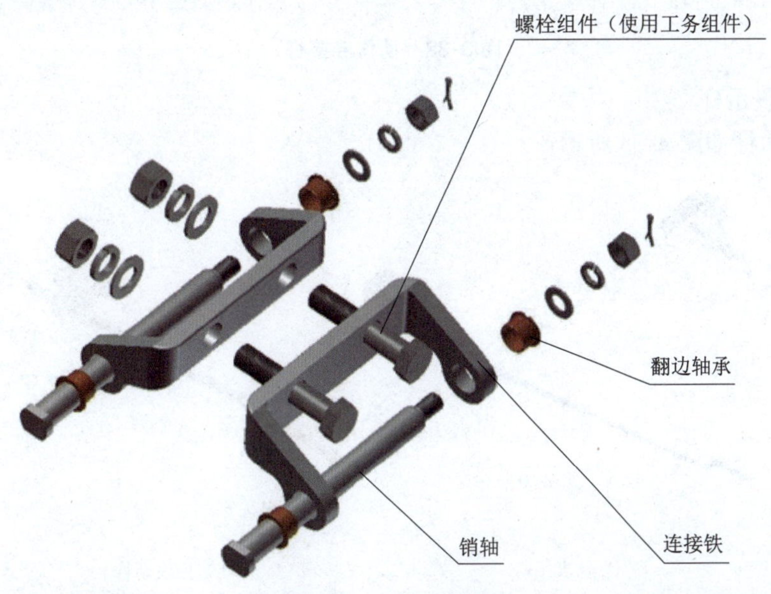

图 3-30 心轨连接铁组

3.2.6 安装装置主要零部件

1. 转辙机托板

转辙机托板如图 3-31 所示。

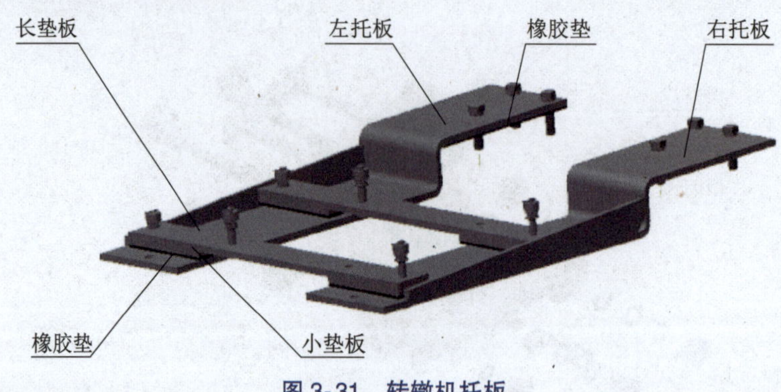

图 3-31 转辙机托板

2. 动作连接杆

动作连接杆如图 3-32 所示。

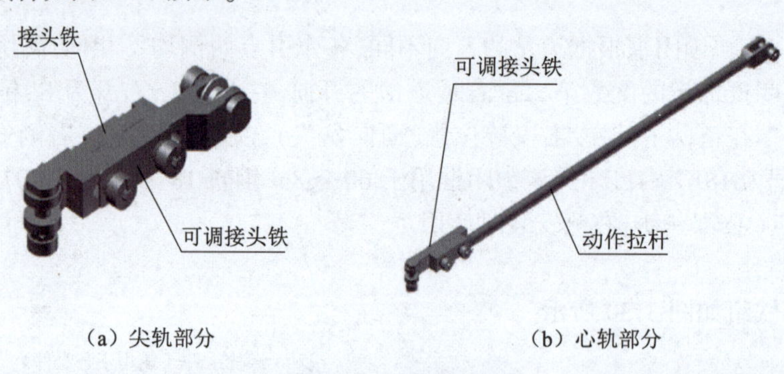

图 3-32 动作连接杆

3. 尖轨表示杆

尖轨表示杆如图 3-33 所示。

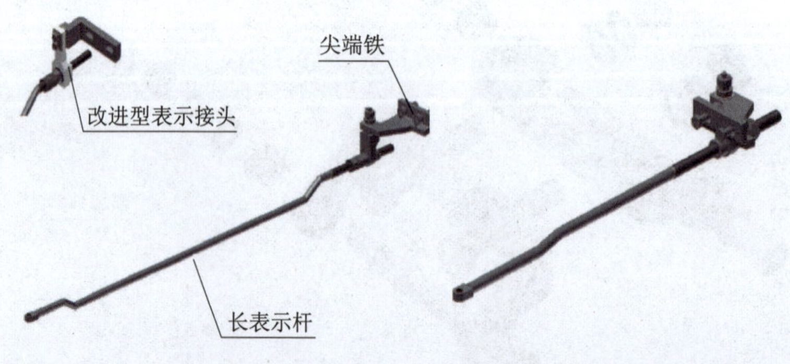

图 3-33 尖轨表示杆

4. 心轨表示杆

心轨表示杆如图 3-34 所示。

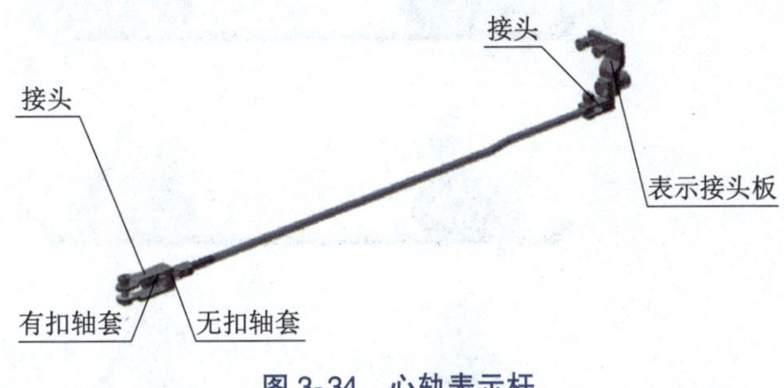

图 3-34　心轨表示杆

5. 油管托架

油管托架如图 3-35 所示。

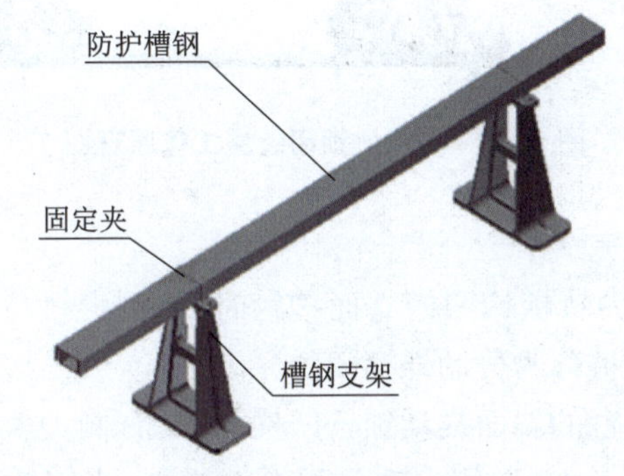

图 3-35　油管托架

3.3　外锁闭装置的工作原理、安装及调试

3.3.1　工作原理

外锁闭装置尖轨部分工作原理如图 3-36 所示。

钩型(GW 型)外锁闭装置一个完整的工作过程包括解锁、转换、锁闭。

初始状态时左侧密贴尖轨处于锁闭状态,密贴尖轨锁钩同时被锁闭铁和锁闭杆卡住不能落下,右侧斥离尖轨与基本轨保持要求的开程,锁闭杆的凸台立面卡住斥离尖轨锁钩的凹槽,从而保持斥离尖轨与基本轨的开口基本不变。

解锁时,转辙机动作杆推动锁闭杆向右移动,右侧斥离尖轨向右侧基本轨(密贴位)移动,同时左侧的密贴尖轨处锁闭杆相对锁钩向右移动,锁闭量逐渐减小,减至零时,左侧锁

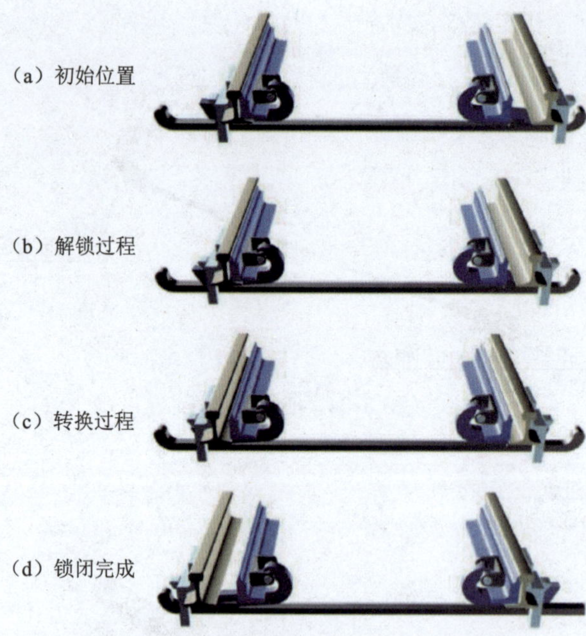

图 3-36　尖轨外锁闭装置工作原理图

钩开始下落,外锁解锁过程完成。

当锁闭杆凸台与左侧尖轨锁钩凹槽立面接触时,左侧尖轨与右侧尖轨开始转换,但右侧尖轨先开始动作,这也是被称为分动外锁闭的原因。

锁闭开始时,锁闭杆凸台的斜面推动锁钩凹槽斜面,右侧尖轨贴靠右侧基本轨,使锁钩逐渐抬起,右侧锁闭量开始增大,左侧尖轨开程继续增加,当转辙机走完动程时,锁闭杆停止动作,锁闭量不再变化,完成外锁闭装置锁闭动作。

3.3.2　外锁闭装置安装

1. 尖轨部分外锁闭装置安装

(1)安装两侧尖轨连接铁组件

用撬棍将两侧尖轨撬开,用螺栓 M20、防松垫、弹垫、螺母 M20 分别安装各牵引点处的尖轨连接铁组件,如图 3-37 所示。

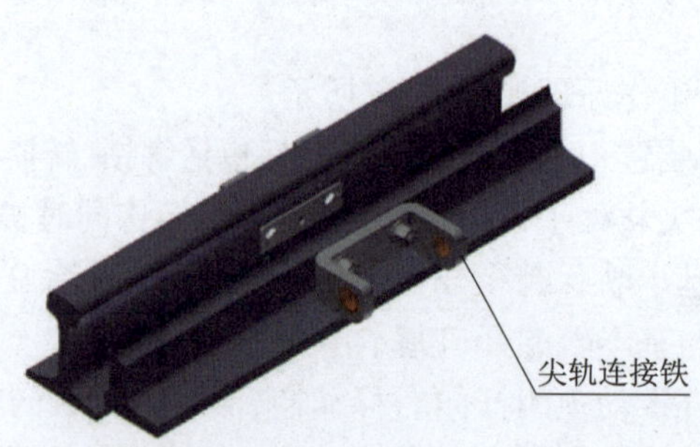

图 3-37　安装尖轨连接铁组件

(2)安装锁闭框、锁闭杆组件

用并联防松螺栓 M20、长垫片、弹垫、螺母 M20 将锁闭框装于基本轨上(可不拧紧螺母)。将一锁闭框安装在一侧基本轨上,锁闭框安装螺栓应在锁闭框安装长孔的中心位置,并暂不拧紧,如图 3-38 所示。将锁闭杆从另一侧基本轨轨底穿入锁闭框,并使锁闭框组件限位耐磨板的凸台进入锁闭杆的凹槽,注意将锁闭杆连接端置于转辙机安装侧。将另一锁闭框穿入锁闭杆后安装在另一侧基本轨上,调整两侧锁闭框位置,使锁闭杆在锁闭框内平顺,如图 3-39 所示。

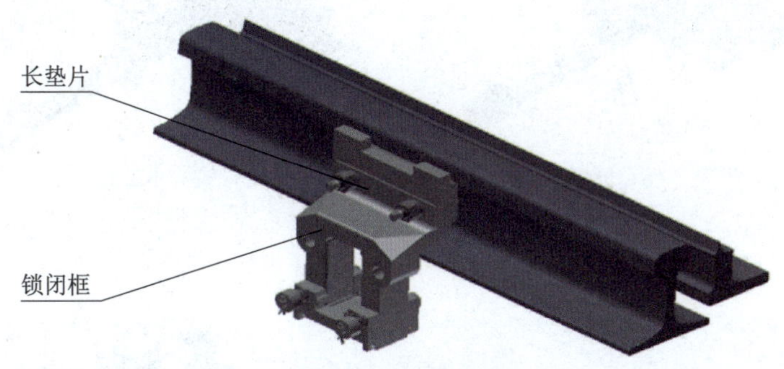

图 3-38　安装锁闭框

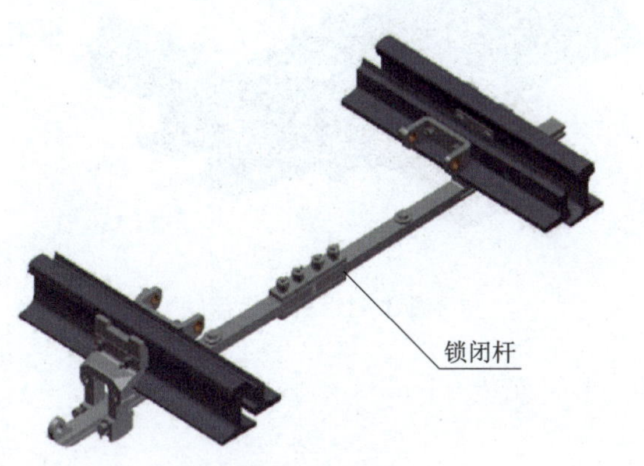

图 3-39　安装锁闭杆

(3)安装锁钩

拨动锁闭杆,使锁闭杆凸起与尖轨开口位置大概对齐,先在锁钩孔内涂润滑脂,将锁钩放在锁闭杆上,并使锁钩凹口与锁闭杆凸起对齐,如图 3-40(a)所示。拨动锁闭杆,当锁钩孔对上尖轨连接铁的孔后,由岔前向岔后方向穿入销轴,并用平垫圈、弹垫和螺母 M20 拧紧,穿入开口销,如图 3-40(b)所示,此工序应在尖轨各个牵引点处的每一侧同时进行,按照上述步骤安装另一侧锁钩。安装两侧锁钩挡板,如图 3-40(c)所示。

(4)安装锁闭铁

锁钩在解锁状态下,将锁闭铁插入锁闭框方孔内,固定螺栓一头钩住基本轨,另一头穿入锁闭框和锁闭铁孔内,带上平垫、弹垫和螺母,暂不上防松盖和开口销,如图 3-41 所示。

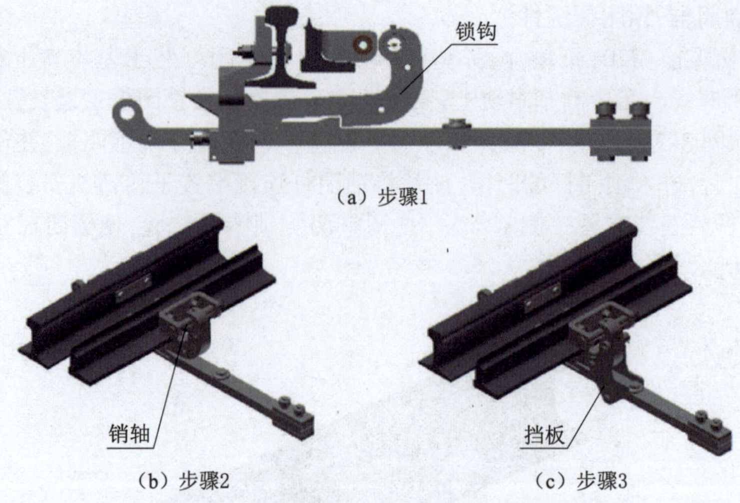

（a）步骤1

（b）步骤2　　（c）步骤3

图 3-40　安装锁钩

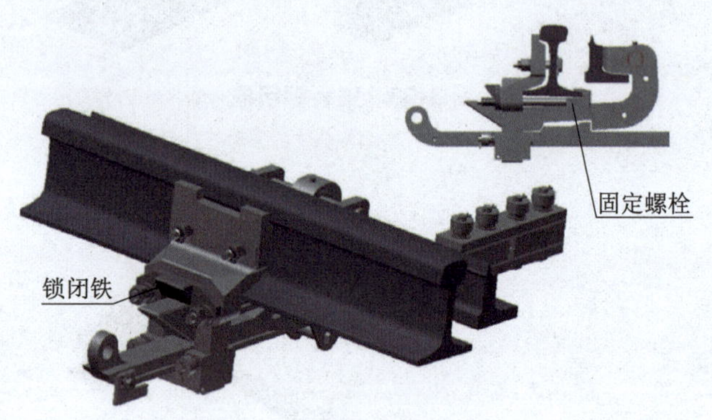

图 3-41　安装锁闭铁

2. 心轨部分外锁闭装置安装

(1)心轨一动

①将锁钩置于锁闭杆上,注意将锁闭杆连接端置于转辙机安装侧,使锁闭杆的两凸台与锁钩两侧凹槽相配合,如图 3-42 所示。

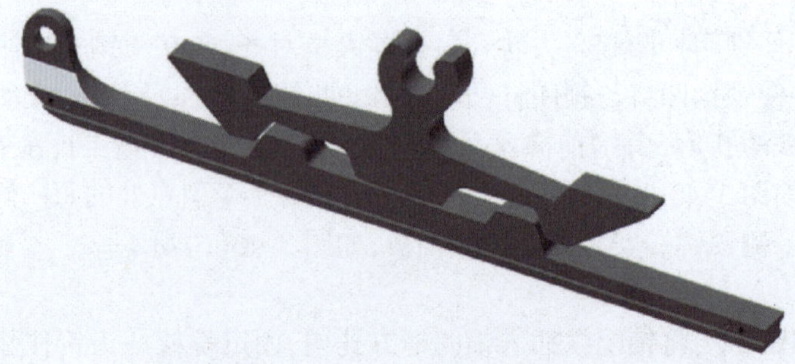
图 3-42　心轨一动锁钩置于锁闭杆上

当心轨一动锁钩分左、右开道岔时，其安装方法如下：

a. 左开道岔用左开锁钩，标记带 L；右开道岔用右开锁钩，标记带 R。

b. 面对岔尖，直基本轨侧锁钩标记为 Z；曲基本轨侧锁钩标记为 Q。即左开锁钩左侧为 Q，右开锁钩右侧为 Q。

②在锁闭杆两侧同时装入锁闭框，调整位置，使锁钩凹口对准心轨，如图 3-43 所示。

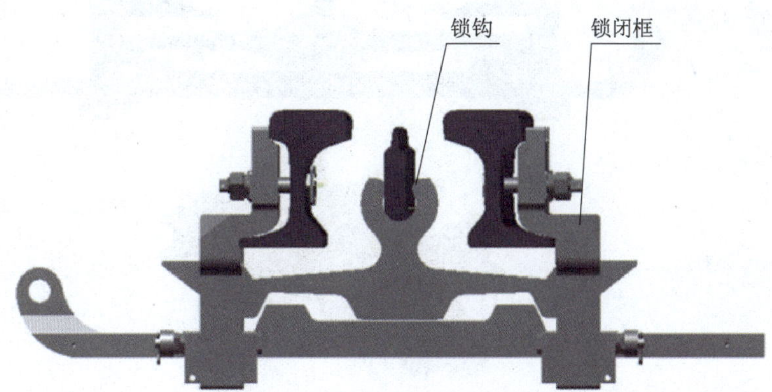

图 3-43　心轨一动锁钩安装

③将锁闭杆、锁钩和锁闭框同时抬起，锁闭框用螺栓固定在翼轨上，锁闭框应与翼轨的轨头和轨底的侧面贴靠，同时保证锁闭框与锁闭杆的接触面水平。注意锁闭框、挡板上均有标记，应按标记安装在不同牵引点的直股侧或曲股侧，如图 3-43 所示。

④安装两侧锁闭铁，注意锁闭铁上均有标记，如图 3-44 所示。

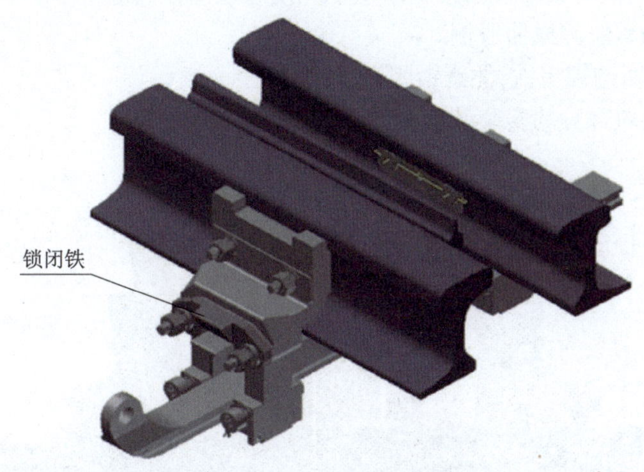

图 3-44　心轨一动锁闭铁安装

(2) 心轨二动

①心轨二动采用整体锁钩形式时，安装方法与步骤与心轨一动相同，如图 3-45 所示。

②心轨二动采用分体锁钩形式时，安装步骤如下：

步骤 1。先在长、短心轨两侧分别安装连接铁，并将锁钩穿在销轴上。当连接铁分长、

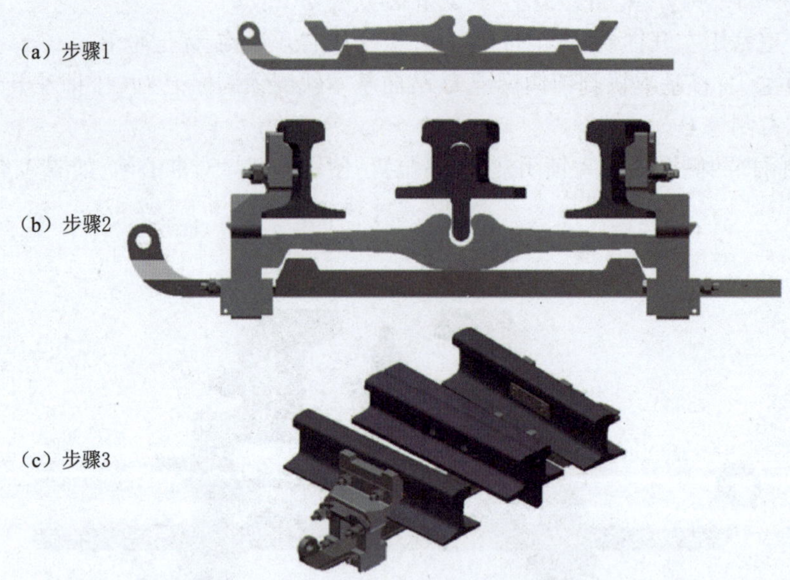

图 3-45　整体锁钩心轨二动外锁闭装置安装

短时，长连接铁安在长心轨侧，短连接铁安在短心轨侧。

步骤 2。将锁闭杆置于安装位置下方，注意将锁闭杆连接端置于转辙机安装侧，将锁闭框的方孔从两侧穿入锁闭杆，注意让锁闭杆的限位槽进入限位耐磨板的限位凸起，同时抬起锁闭杆和锁闭框，将锁闭框用螺栓固定在翼轨上，锁闭框应与翼轨的轨头和轨底的侧面贴靠，同时保证锁闭框与锁闭杆的接触面水平。注意锁闭框、挡板上均有标记，应按标记安装在不同牵引点的直股侧或曲股侧。

步骤 3。安装两侧锁闭铁，注意锁闭铁上的标记。

其他部分与尖轨部分的安装基本相同，如图 3-46 所示。

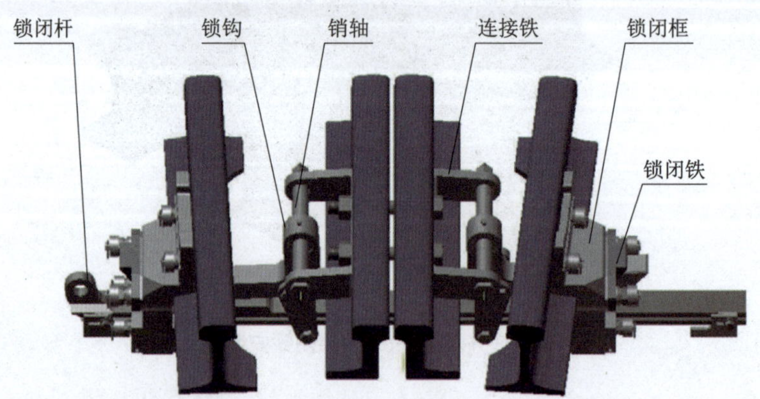

图 3-46　分体锁钩心轨二动外锁闭装置安装

(3)心轨三动(30、42 号道岔)

采用在长、短心轨外侧设置连接铁，通过销轴将锁钩与连接铁相连，安装方法与步骤与心轨二动采用分体锁钩时相同。当连接铁分左、右时，左开道岔使用带 L 标记连接铁，右开道岔使用带 R 标记连接铁。

3.3.3　安装装置的安装和连接

1. 安装转辙机托板

(1)按标记分别安装尖轨、心轨各牵引点处转辙机托板。

(2)用螺栓 M24×80 将基础弯板固定在水泥枕上，弯板与水泥枕之间装 5 mm 厚橡胶板。

(3)用螺栓将长垫板、小垫板、橡胶垫与弯板连接，必要时还应加装调整垫，以调整转辙机的高低。安装长垫板时，应注意转辙机安装孔的方向，一般为近距两孔在前，如图 3-47 所示。

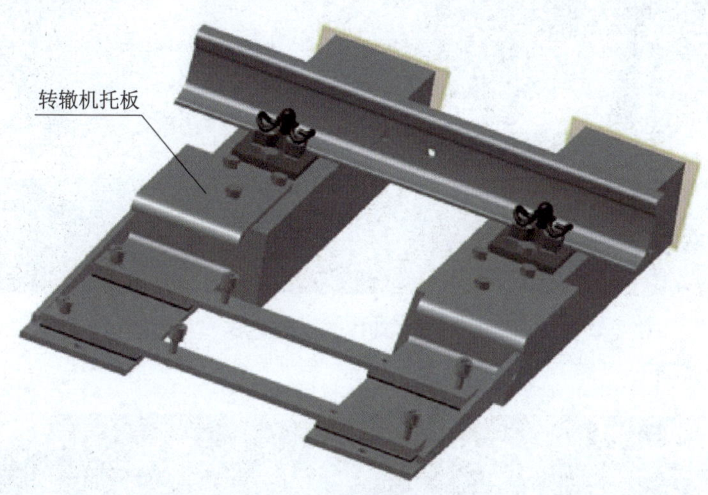

图 3-47　转辙机托板安装

2. 连接动作连接杆

用动作连接杆连接转辙机动作杆和外锁闭装置锁闭杆，如图 3-48 所示。

3. 连接尖轨表示杆

将尖端铁和尖轨用螺栓连接起来，左、右尖端铁按图纸规定位置安装，转辙机左侧安装时，长表示杆与右尖端铁连接，反之则长表示杆与左尖端铁连接(左/右是指面向岔尖)。注意长短表示杆的连接方法为左长右短，即面向转辙机的出杆方向，左面是长表示杆，右面是短表示杆，如图 3-49 所示。

4. 连接心轨表示杆

在辙叉部位，将表示接头板和活动心轨用螺栓连接起来，再将心轨表示拉杆与表示接头板相连接，如图 3-50 所示。

5. 安装油管防护装置

转辙机油管用 8 号和 10 号槽钢对扣的方式防护，用槽钢支架支撑，并用固定架将槽钢固定在槽钢支架上。安装时的油管弯曲半径应不小于 150 mm，进出槽钢处留有一定余量，并用橡胶防护管防护，以防止油管损坏，如图 3-51 所示。

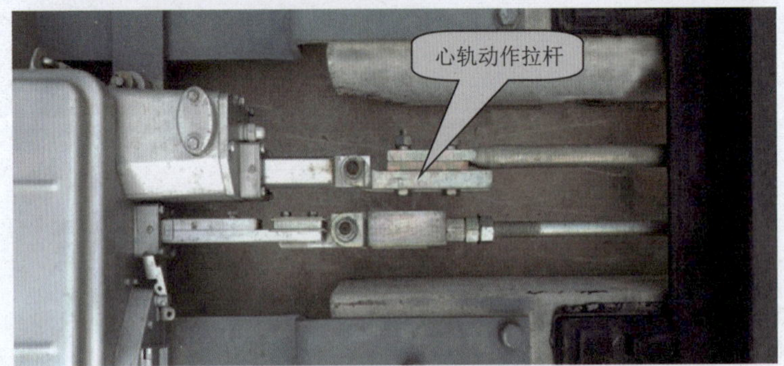

图 3-48　动作连接杆连接

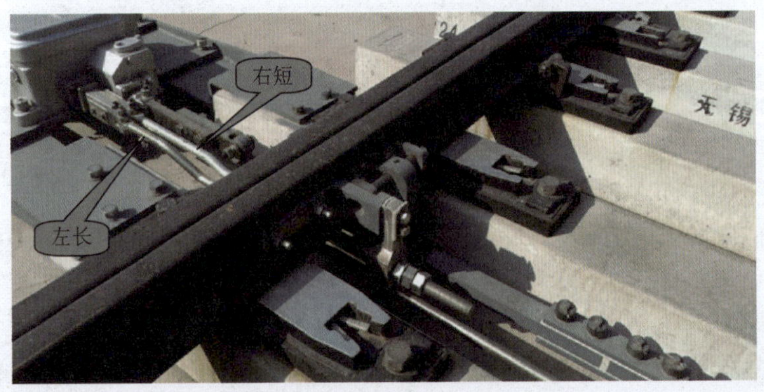

图 3-49　尖轨表示杆连接

图 3-50 心轨表示杆连接

图 3-51 油管防护装置安装

3.3.4 外锁闭装置的调整及检测

1. 调整杆件平顺

调整两锁闭框,使两侧锁闭框对正,调整转辙机托板位置使转辙机动作杆、动作连接杆、锁闭杆在同一直线位置,保证外锁闭装置在定反位转换过程中动作平稳,无别卡现象,如图 3-52 所示。

2. 调整道岔开口

手摇或电操转辙机拉入、伸出各一次,检查道岔开口,两侧应基本相同,如相差较大时通过调整安装装置动作连接杆使两侧开口相差不超过 3 mm,然后检查道岔开口是否符合规定,若开口大于规定值时,在尖轨连接铁和尖轨间加调整垫调整如图 3-53 所示。动作拉杆上每齿齿距为 3 mm。

如果尖轨有虚开现象,则应不计虚开口量进行调整,并通知道岔铺设方调整尖轨防跳限位装置位置,防止虚开口过大影响转辙机表示缺口。

3. 调整外锁密贴

转辙机到位后检查密贴尖轨与基本轨、可动心轨与翼轨的间隙,通过增减锁闭铁与锁闭框间的调整垫片,使两尖轨(可动心轨)与基本轨(翼轨)密贴满足要求,如图 3-54 所示。

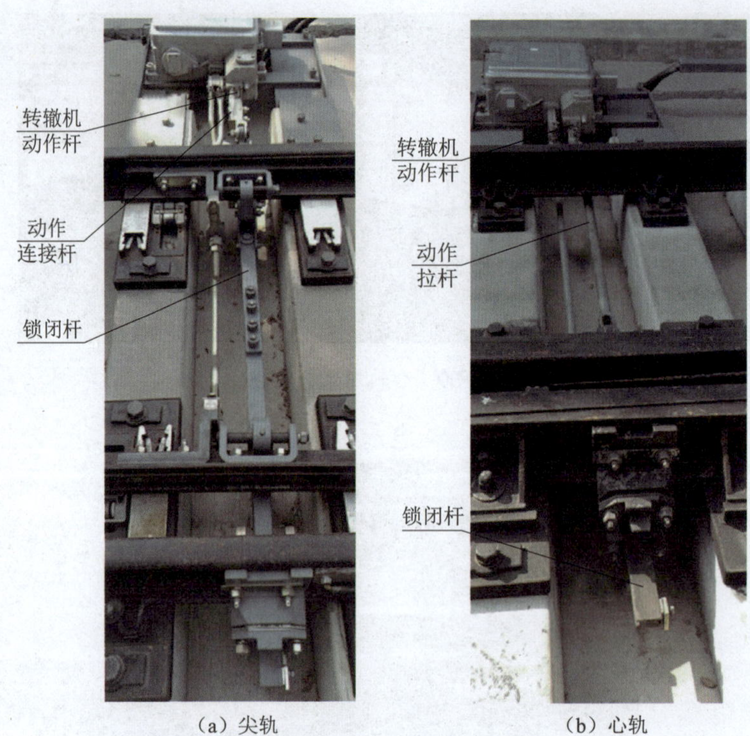

(a) 尖轨　　(b) 心轨

图 3-52　外锁闭装置杆件调整

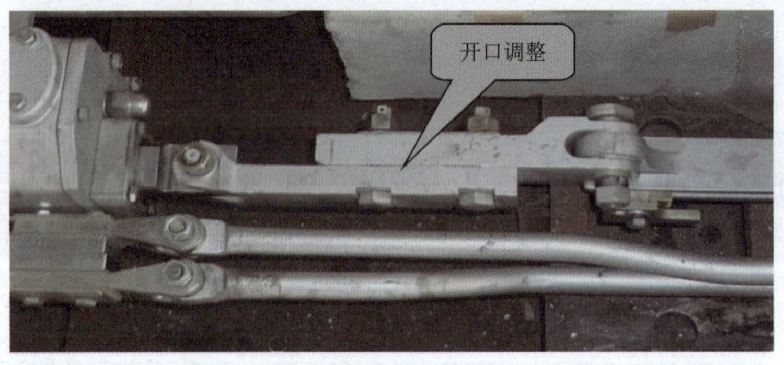

图 3-53　开口调整

4. 调整表示缺口

调整安装装置的尖轨长、短表示杆和心轨表示杆,使密贴轨(尖轨、心轨第一牵引点)的锁闭柱与锁闭杆缺口间隙为 2 mm±0. 5 mm,密贴轨(尖轨第二、三牵引点)的检查柱与表示杆的缺口间隙为 4 mm±1. 5 mm,如图 3-55 所示。调整安装装置心轨表示杆,先调主口(伸出位置),后调副口(拉入位置),如图 3-56 所示。

5. 检测电务设施

在各牵引点锁闭杆中心处插入 4 mm 厚、20 mm 宽的钢板,外锁闭装置不得锁闭,且不得接通转辙机内表示接点;在相邻两牵引点间任一位置插入 10 mm 厚、20 mm 宽的钢板,不

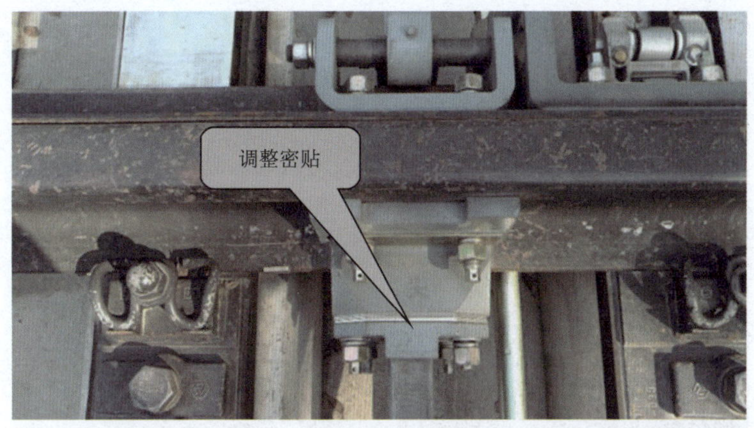

图 3-54 密贴调整

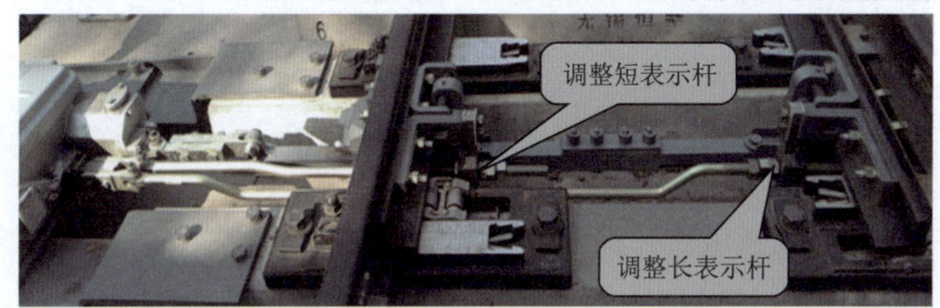

图 3-55 调整尖轨表示杆

图 3-56 调整心轨表示杆

得接通转辙机内表示接点,若不满足要求可通过增减调整片调整,满足要求后拧紧固定锁闭铁的螺母。

6. 固定限位块

将限位块和可调限位块用 M12 螺栓和弹垫紧固在锁闭杆上,可调限位块与锁闭框间留有不大于 3 mm 的间隙,如图 3-57 所示。

7. 润滑

锁钩关节轴承处(通过注油孔)及各摩擦面涂注润滑油脂。

8. 紧固和防松

将各处螺栓、螺母以规定的扭矩紧固。防松螺栓头部装上防松盖,插入开口销并劈开

图 3-57　固定限位块

至规定角度。

9. 外锁闭装置零件磨耗限度

外锁闭装置零件的磨耗限度及其更换参照《铁路道岔转换设备安装技术条件》(Q/CR 848—2021)执行。

第4章

工电结合部技术指标和选型规范

随着铁路在国民经济中发挥的作用日益增大,铁路里程数逐年增加,电务系统和工务系统作为铁路运输业的主要基础部门,其作业内容存在着技术复杂、专业性强等一系列较为明显的特点,尤其是在铁路工电结合部位置,务必由电务系统和工务系统密切协作、紧密配合,严格、认真地检查其病害,并且采取行之有效的措施来予以防治,减少铁路工电结合部病害。

为减少工电结合部病害,工务部门负责检查的项点有:

1. 滑床台与尖轨底部间隙检查。
2. 钢轨外侧与基板离缝检查。
3. 长心轨与短心轨密贴检查。
4. 限位器状态检查。
5. 顶铁密贴检查。

电务部门负责检查的项点有:

1. 尖轨与基本轨密贴检查。
2. 心轨与翼轨密贴检查。
3. 外锁闭装置零件状态检查(锁闭框偏离、锁钩偏离位置等)。
4. 安装装置杆件状态检查(杆件与轨底距离、杆件与岔枕距离等)。

4.1 工电结合部问题及安装注意事项

4.1.1 工电结合部问题

1. 道岔总是单方向通过列车,尖轨、基本轨爬行超标(部分基本轨爬行达 30~50 mm),如图 4-1 所示。

图 4-1　尖轨、基本轨爬行超标

2. 牵引点岔枕间距不标准，转辙机安装后杆件不平顺。

3. 转换阻力不稳定。

4. 捣固不实，岔枕起伏大，造成道岔区段部分基本轨与铁垫板间橡胶垫断裂丢失，铁垫板断裂开缝，如此状态造成转换设备、特别是外锁闭装置零部件磨损超限，如图 4-2 所示。

5. 尖轨、基本轨磨损超标，吊板严重，致使转换阻力不稳定，4 mm 不锁闭指标不易保证，易发生转换卡阻，如图 4-3 所示。

6. 道岔各部框架、轨距超标、基本轨横移等结构性病害。

4.1.2　安装注意事项

在转换设备安装前，要验证道岔铺设状态是否符合《铁路道岔转换设备安装技术条件》（Q/CR 848—2021）及道岔铺设有关技术要求，重点检查以下几点：

1. 岔枕间距。

2. 轨距。

3. 密贴。在安装转换设备前，密贴段直、曲尖轨原始状态分别与直、曲基本轨宏观密贴，用撬棍拨动，尖轨、心轨动作平顺，没有明显阻滞。安装杆件前，人工拨动尖轨或心轨，

图 4-2　外锁闭装置零部件磨损超限

图 4-3　尖轨、基本轨磨损超标

刨切部分应与基本轨、翼轨自然密贴。尖轨、心轨顶铁与轨腰应有不大于 1 mm 的间隙，且间隙均匀。道岔尖轨防跳限位器作用良好。

4. 尖轨、心轨底部与滑床板、辊轮间隙符合标准要求，滑床板无影响道岔转换的脱焊、断裂、塌陷、侧斜等现象。

4.2 工电结合部建议技术指标及调整

4.2.1 外锁闭道岔及 GW 型外锁闭装置建议技术指标

外锁闭道岔及 GW 型外锁闭装置建议技术指标见表 4-1。

表 4-1 外锁闭道岔及 GW 型外锁闭装置建议技术指标

序号	类别	项目	指标
1	几何尺寸	斥离尖轨非工作边距基本轨工作边最小距离(最小轮缘槽)	大于或等于 63 mm，依据《工电联合整治道岔、钢轨绝缘管理办法》(工电线路函〔2018〕28 号)
2	钢轨	锁闭框安装孔	两基本轨锁闭框安装孔相错量不大于 10 mm
		两尖轨相对位置	两尖轨尖端相错量小于或等于 20 mm
		尖轨与基本轨、心轨与翼轨肥边	肥边小于或等于 1 mm
		尖轨与基本轨、心轨与翼轨密贴	尖轨、心轨第一牵引点前尖轨与基本轨、心轨与翼轨间隙小于 0.5 mm，其余部位间隙小于 1 mm
		尖轨、心轨与滑床板距离	尖轨、心轨与滑床板距离小于 1 mm
		顶铁	顶铁齐全，作用良好。正线道岔：顶铁与轨腰间隙大于 0 mm、小于或等于 0.5 mm；其他道岔：顶铁与轨腰间隙大于 0 mm、小于或等于 1 mm。间隙均匀
		道岔辊轮	密贴状态时，尖轨轨底与辊轮间隙大于或等于 1 mm、小于 2 mm；斥离状态时，尖轨轨底与滑床板间隙大于或等于 1 mm、小于 3 mm，转换过程中尖轨轨底与辊轮接触
3	岔枕	牵引点岔枕	牵引点岔枕间距偏差小于或等于 5 mm
4	外锁闭装置及安装装置	杆件	转换杆件沿线路纵向偏移量小于或等于 10 mm，各连接杆件平顺，无别卡现象
			表示杆销孔间隙小于 0.5 mm；其他连接杆销孔间隙小于 1 mm
		各牵引点两侧锁闭框中心位置偏差	小于或等于 3 mm
		各牵引点两侧动程偏差	小于或等于 3 mm
		各牵引点转换阻力	测试转辙机转换阻力小于或等于道岔设计指标
		各牵引点两侧锁闭量偏差	小于或等于 2 mm
		牵引点密贴检查	4 mm 不锁闭
5	转辙机	转辙机	转辙机外壳边缘与直线基本轨距离偏差小于 5 mm；转辙机表示缺口、溢流压力符合标准；主、副机同步性良好

4.2.2 工电结合部调整

1. 针对尖轨密贴不良引起道岔缺口变化,调整步骤如下:

(1)用 27~30 mm 梅花扳手(或小撬棍)插入尖轨与基本轨的轨腰处向外撬尖轨,尖轨离缝后应能自然恢复原位。若尖轨离缝后不能完全恢复原位,说明道岔密贴力调整不够。

(2)道岔在锁闭位时,用手锤轻敲锁钩,锁钩不能左右摆动。

(3)按《GW 型外锁闭装置密贴调整检查作业指导意见》(工电通号函〔2018〕8 号)执行。

2. 整治道岔框架不正。利用道岔方尺,找出锁闭杆前后水泥枕偏移的尺寸,对道岔框架存在的问题,通知工务部门整治解决。

3. 加大尖轨反弹、不密贴、吊板等问题的整治力度。对道岔尖轨反弹、不密贴、吊板等问题及时与工务联系进行整治。

4. 检查尖轨、心轨与顶铁是否平顺,其中的间隙是否符合要求。

4.3 工务道岔类型及电液道岔转换设备配套选型规范

4.3.1 转辙机适配道岔的要求

根据《铁路道岔转换设备安装技术条件》(Q/CR 848—2021)要求,不同转辙机适配道岔时应满足以下要求:

1. 列车直向通过速度大于 120 km/h 或其他有特殊要求的道岔,应采用外锁闭;可动心轨辙叉单开道岔,应采用外锁闭和不可挤型转辙机。

2. 应根据道岔类型、动程、转换阻力选择转辙机型号规格。

3. 正线单开道岔尖轨、心轨的第一牵引点应采用具有动作杆和锁闭杆双重锁闭功能的转辙机。

4. 单点牵引的内锁闭单开道岔,应采用动作杆动程为 165~170 mm 的转辙机,转辙机牵引力应为 2.5~4.5 kN。快速转辙机牵引力应为 1.5~3 kN。

5. 两点及三点牵引内锁闭单开道岔,尖轨第一牵引点应采用 190~220 mm 动程的转辙机,转辙机牵引力应为 1.8~4.5 kN;其余牵引点转辙机动程应满足空动 10~90 mm,转辙机牵引力应为 4.5~6 kN。

6. 多点多机牵引力分动外锁闭单开道岔应符合以下要求:

(1)尖轨第一牵引点应采用 220 mm 动程转辙机,牵引力应为 1.5~3.5 kN;其余牵引点转辙机动程应根据尖轨动程合理配置,牵引力应为 2.5~4.5 kN。

(2)可动心轨第一牵引点应采用 220~240 mm 动程的转辙机,牵引力应为 1.8~3.5 kN;其余牵引点转辙机动程应根据尖轨动程合理配置,牵引力应为 2.5~4.5 kN。

7. 交分道岔应符合以下要求：

(1)交分道岔双转辙器采用内锁闭时，应采用 165~170 mm 动程的转辙机，牵引力应为 4~6 kN。

(2)交分道岔活动心轨采用内锁闭时，应采用 130~150 mm 动程的转辙机，牵引力应为 2.5~4 kN。

(3)复式交分道岔双转辙器部位宜采用双动作杆转辙机牵引。

4.3.2 适配道岔转辙机

目前转辙机适配道岔类型见附录。

第5章

电液道岔转换设备维护及标准

对电液道岔转换设备应进行日常维护，正确检查和保养设备，保证其在寿命期内稳定、可靠工作。缺乏检查和保养会导致转辙机提前失效，甚至发生故障。

检查和保养作业前，为保证维护人员的安全，应先断开转辙机的手动安全机构。检查和保养作业时如果发现道岔不符合要求，应及时联系工务进行道岔整治。所有检查和保养作业，应符合相关安全操作规程要求。现场检查和保养设备时，如遇雨雪、扬尘等恶劣自然环境，作业应顺延或做好必要的防护措施，以确保不因作业导致转辙机内部进水、进尘。

在每一次检查和保养作业后，都应进行转换试验来验证转辙机的工作状态及其与道岔的配合情况。电气集中的电缆配线或转辙机内部配线端子维护作业后，应进行道岔开通方向和转辙机表示的匹配检查。

5.1 电液道岔转换设备维护

5.1.1 日常巡检维护

1. 设备无外界干扰和异状，斥离轨和基本轨之间无异物，各部绝缘无破损。

2. 道岔密贴状态良好，尖轨、基本轨、心轨、翼轨的竖边部分无肥边，与滑床板接触良好，无吊板现象。

3. 检查转换设备及安装装置的紧固件、开口销、连接销、锁闭杆、表示杆紧固良好，无脱落松动，各滑动面和连接销处应油润。

4. 油路系统各密封部无渗油现象，机内清洁。观察转辙机在转换过程中无异声，检查锁闭杆、表示杆缺口符合要求，道岔开口正确，无反弹、卡阻，表示良好。

5.1.2 定期检查维护

1. 每季至少一次。

2. 同日常巡检维护。

3. 检查电液转辙机锁闭杆和表示杆缺口符合要求。

4. 4 mm 不锁闭检查符合要求。

5. 检查电液转辙机油箱内油位应在油标上、下限之间,不足时应使用专用注油器注SH 0358 的 10 号航空液压油至油位要求。

6. 转辙机动作杆、锁闭杆、表示杆处圆孔套、方孔套内的毛毡应油润。

7. 检查转辙机、安装装置及外锁是否平顺方正、不别卡,表示杆、锁闭杆不张口。

8. ZY(J)6 型电液转辙机挤岔板斜面与滚轮间隙符合要求。

5.1.3 年检查维护

1. 每年至少一次。

2. 同定期检查维护。

3. 检查道岔和电液转辙机的特性符合的要求。

4. 将活塞杆及缸座两端上油污擦拭干净,并将整机内部清洁,检查油缸往复动作 20 次不应有明显油迹。

5. 检查第一、第二牵引点之间,液压站与主机间的油管连接应顺直,接头密封紧固良好,油管固定牢固,在两端出入处防护良好,不与钢铁件棱角相磨,且不应因列车通过上、下振动而受力。

6. 检查机内配线整齐、连接无松动、遮断器灵活、功能齐全,机盖密封良好,更换锈蚀易损件。

7. 各摩擦部位润滑,涂注 TR-1 铁路专用润滑脂。

8. 对锈蚀的零件除锈、涂油、补漆,更换锈蚀的紧固件。

9. 检查转辙机直流电动机碳刷是否灵活,有无过大火花,碳刷与换向器呈同心弧面接触,接触面积不少于碳刷面积的 3/4,碳刷长度不小于碳刷全长的 3/5。

5.2 电液道岔转换设备维护标准

5.2.1 电液转辙机维护标准

1. 紧固检查

转辙机紧固件、开口销、连接销、锁闭杆、表示杆紧固良好,无脱落松动,如油缸盖板固定螺钉、动接点组、静接点组固定螺钉、调整板背母、所有点红漆部位。开口销尾部按规定角度开口(一般 60°左右)。建议检查周期为每 6 个月不少于 1 次。

2. 油泵电机组检查

(1)联轴器检查:电动机、油泵间联轴器配合良好,转动时无卡阻、无别劲,无过大噪声;两侧挡圈作用良好。建议检查周期为每 12 个月不少于 1 次。

(2)油位检查:油箱内油位应在油标上、下限之间。建议检查周期为每 3 个月不少于 1 次。

(3)惯性轮检查:惯性轮与电动机轴摩擦作用良好,无忽松忽紧现象,接点不得反弹,手动检查不抱死。建议检查周期为每 12 个月不少于 1 次。

(4)性能检查:电操时溢流压力应能达到各型号转辙机规定最低压力,Y(J)1 型液压站 4.5 MPa,ZY(J)7 型转辙机 12 MPa,Y(J)5 型、Y(J)6 型液压站 12 MPa,Y(J)7 型液压站 10.5 MPa;ZY(J)7 型转辙机,Y(J)5 型、Y(J)6 型、Y(J)7 型液压站的手摇压力(约 100 r/min)应大于或等于 8 MPa,无异常噪声。建议检查周期为每 12 个月不少于 1 次。

(5)直流电动机检查(仅用于直流转辙机):碳刷在刷握内移动灵活无卡阻,工作时无过大火花;碳刷与换向器接触面积不小于碳刷的 3/4,磨损量不得超过碳刷标记线,即碳刷全长的 3/5;换向器表面应整洁,槽内无碳粉。建议检查周期为每 6 个月不少于 1 次。

3. 接点组检查

(1)启动片不得与动作板或动作板上的盖板相磨卡,且其处于速动片上方时与动作板的立面间隙应为 0.5~1.5 mm(盖板两侧有倒角的 1.0~2.0 mm)。建议检查周期为每 12 个月不少于 1 次。

(2)滚轮在落下的状态时,手动检查滚轮是否转动灵活且不应打底,同时检查滚轮圆面是否有磨平现象。建议检查周期为每 6 个月不少于 1 次。

(3)挡圈或开口销作用良好。建议检查周期为每 12 个月不少于 1 次。

(4)动接点环和静接点片接触良好、无污物;动、静接点安装牢固,每组动接点环与静接点片的接触深度,从静接点片垂直方向测量静接点片端头至动接点环的间隙不应小于 0.5 mm;动接点打入静接点时,与静接点座应保持 3 mm 以上间隙;接点接触压力不小于 4 N;启动片落下前,动接点在静接点内窜动时,应保证接点接触深度不小于 2 mm。建议检查周期为每 3 个月不少于 1 次。

4. 油缸组检查

(1)在一侧缸座与缸套贴紧的情况下(在动作终端位置,一般有一侧是贴紧的),测量另一侧缸座与缸套间隙,应不大于 1.3 mm,若不贴紧,可拨动缸座,使其贴紧;也可单独测量两缸座与缸套的间隙,相加不大于 1.3 mm[2010 年 6 月以后出厂的 ZY(J)7 型电液转辙机均增加了钢丝锁圈,此条可不检查]。建议检查周期为每 6 个月不少于 1 次。

(2)速动片推入、弹出灵活。建议检查周期为每 3 个月不少于 1 次。

5. 配线检查

检查机内配线整齐、连接无松动、螺母齐全,线皮无损伤,防护良好。建议检查周期为每6个月不少于1次。

6. 手动安全机构检查

遮断器的常闭接点(静插头和动插头)应接触良好,在插入手摇把时,常闭接点应能可靠断开。手摇把取出后,非经人工恢复不得接通常闭接点。建议检查周期为每12个月不少于1次。

7. 胶管总成检查

检查胶管总成连接顺直,外胶皮无严重龟裂,无裸露钢丝,接头密封良好,与防护槽钢固定牢固,在两端出入处防护良好,胶管弯曲半径不得小于150 mm。胶管总成防护胶管接缝应向下,避免阳光直接照射。建议检查周期为每12个月不少于1次。

8. 挤脱器检查

挤脱器铅封及开口销完好,挤脱块位置未发生变化。建议检查周期为每12个月不少于1次。

9. 绝缘电阻检查

电液转辙机的接点部分和电动机的对地绝缘电阻正常应大于或等于25 MΩ。潮湿环境绝缘电阻应大于或等于1.5 MΩ,其中电动机应大于或等于0.76 MΩ。建议检查周期为每12个月不少于1次。

注:各种电动机的线间电阻值(用万用表测量线间电阻)如下。

(1)Y90S-6t-THL交流电动机(910 r/min)线间电阻12~19 Ω,且线间电阻的差值不大于0.5 Ω。

(2)Y90S-4t-THL交流电动机(1 440 r/min)线间电阻7~13 Ω,且线间电阻的差值不大于0.5 Ω。

(3)Z90A-THL直流电动机,1、2线和1、3线电阻值为12~19 Ω,2、3线间电阻值为13~20 Ω。

10. 零件表面检查

镀锌、发黑、油漆等表面处理的零件,表面无严重锈蚀,油漆无脱落。建议检查周期为每12个月不少于1次。

11. 润滑部位注油

转辙机润滑保养部位、所注油脂类型及其保养周期如图5-1所示。

12. 整机性能指标及密封性检查

(1)液压接头螺栓等静密封部位无松动、渗漏;活塞杆表面无损伤且扳动后无明显油渍。

(2)道岔转换时间应符合《普速铁路信号维护规则　技术标准》《高速铁路信号维护规则　技术标准部分》的规定。

(3)锁闭杆缺口与锁闭柱距离,当用于外锁道岔时为(2±0.5) mm,用于内锁道岔时为(1.5±0.5) mm;表示杆缺口与检查柱直口距离为(4±1.5) mm。

建议检查周期为每3个月不少于1次。

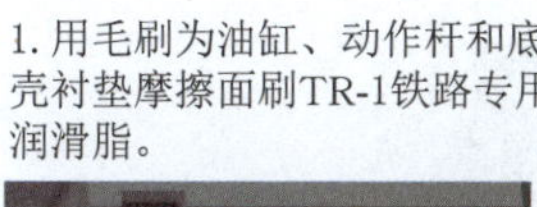

1. 用毛刷为油缸、动作杆和底壳衬垫摩擦面刷TR-1铁路专用润滑脂。

2. 用毛刷为接点滚轮和动作板摩擦面刷TR-1铁路专用润滑脂；速动片和动作板摩擦面滴3~5滴20号机油。

3. 用油枪B200通过油缸上两注油嘴注入TR-1铁路专用润滑脂。

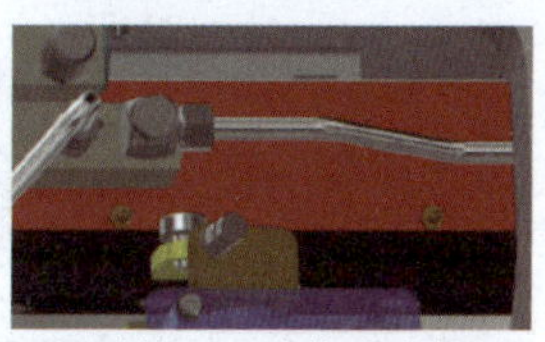

4. 在拉入或伸出位时，用毛刷为锁闭铁和锁块摩擦面刷TR-1铁路专用润滑脂。

5. 用油枪B200为接点滚轮侧面注油孔注TR-1铁路专用润滑脂；调整板与接点座接触面滴3~5滴20号机油。

6. 用毛刷为接点组锁闭柱或检查柱刷TR-1铁路专用润滑脂。

7. 通过两侧方孔套圆孔套上方注油孔注入20号机油。

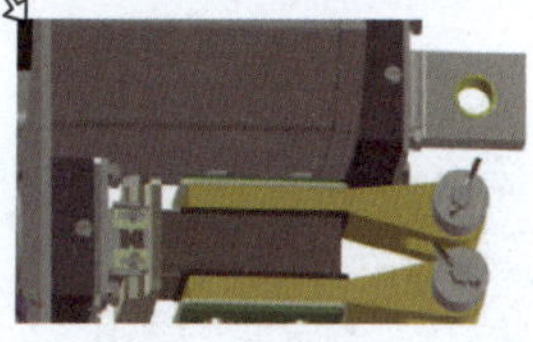

保养周期：序号7为3个月一次；序号1、2、3、4、5、6为6个月一次；序号8为一年一次。

8. 在表示杆和检查片之间滴3~5滴20号机油。

图 5-1 转辙机润滑保养示意

5.2.2 外锁闭装置维护标准

1. 紧固检查

紧固件、连接销紧固良好，无脱落松动，开口销尾部按规定角度开口（一般为 60°左右）。建议检查周期为每 6 个月不少于 1 次。

2. 润滑部位检查

尖轨各牵引点两侧锁钩与锁闭铁接触面、锁钩与锁闭杆接触面涂润滑脂（TR-1 铁路专用润滑脂，下同），锁钩关节轴承注油孔和表示接头板油杯处用专用油枪注入润滑脂，如图 5-2 所示。建议检查周期为每 3 个月不少于 1 次。

心轨各牵引点两侧锁钩与锁闭铁接触面、锁钩与锁闭杆接触面涂润滑脂，锁钩关节轴承注油孔处用专用油枪注入润滑脂，如图 5-3 所示。

3. 表面处理零件检查

镀锌、渗锌、油漆等表面处理零件，表面无严重锈蚀，油漆无脱落。建议检查周期为每 12 个月不少于 1 次。

4. 安装及动作检查

（1）定位和反位转换过程动作平稳，无别卡现象。

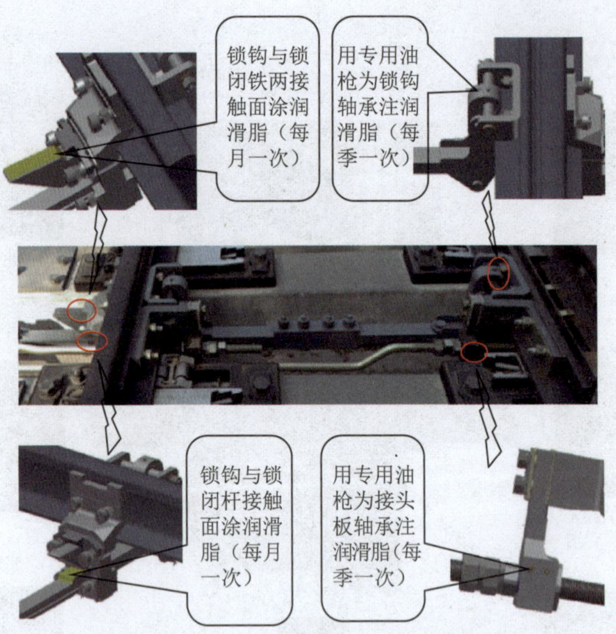

图 5-2　尖轨外锁闭装置、安装装置润滑

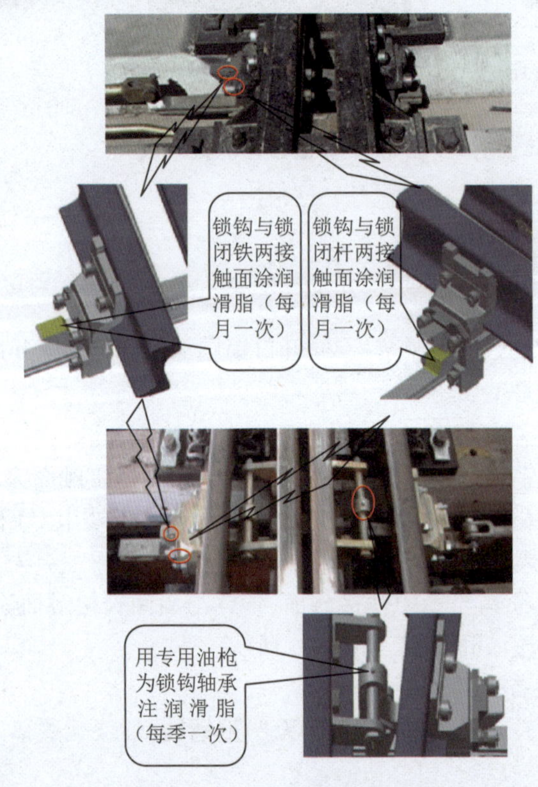

图 5-3　心轨外锁闭装置润滑

(2)尖轨、心轨第一牵引点锁闭量不应小于 25 mm,其余牵引点锁闭量不应小于 20 mm。

(3)在牵引点外锁闭中心线处尖轨与基本轨、心轨与翼轨间插入 4 mm 厚、20 mm 宽的钢板,不得锁闭;尖轨牵引点间插入 10 mm 厚、20 mm 宽的钢板,不得接通转辙机表示接点。

(4)锁闭框与可调限位块间隙不得大于 3 mm。

建议检查周期为每 3 个月不少于 1 次。

5. 磨耗检查

参照《铁路道岔转换设备安装技术条件》(Q/CR 848—2021)执行。建议检查周期为每 6 个月不少于 1 次。

6. 绝缘件检查

检查绝缘件无龟裂、破损。建议检查周期为每 6 个月不少于 1 次。

5.2.3　安装装置检查标准

1. 紧固检查

紧固件、连接销紧固良好,无脱落松动,开口销尾部按规定角度开口(一般为 60°左右)。建议检查周期为每 6 个月不少于 1 次。

2. 润滑部位检查

带关节轴承的尖端铁、接头板中的关节轴承注油,如图 5-2 所示。建议检查周期为每 3 个月不少于 1 次。

3. 表面处理零件检查

镀锌等表面处理零件,表面无严重锈蚀。建议检查周期为每 12 个月不少于 1 次。

4. 动作情况检查

(1)定位和反位转换过程动作平稳,无别卡现象。

(2)接头板的螺母应灵活转动但无轴向窜动。

建议检查周期为每 3 个月不少于 1 次。

5. 绝缘件检查

检查绝缘件无龟裂、破损。建议检查周期为每 6 个月不少于 1 次。

第6章

常见故障及处理方法

6.1 电液转辙机常见故障

6.1.1 电液转辙机常见故障、原因及处理方法

电液转辙机常见故障、原因及处理方法见表6-1。

表6-1 电液转辙机常见故障、原因及处理方法

序号	故障现象		正常指标	故障原因及处理方法
1	转辙机不动作	电动机	转动平稳,转速正常	1. 检查电动机引出线是否有电,没有电压或缺相时,检查转辙机内遮断器是否合上、各接点接触是否良好、配线是否完好(包括转辙机到室内电源屏输出端的道岔控制电路)或电动机绝缘是否不良,检查后修复或更换 2. 电动机端电压偏低时,检查电源屏输出是否正常,检查单线电阻是否超标,超标时调整输出电压或降低单线电阻 3. 如果电动机引出线处电压正常,电动机不转或转动不正常: (1)测试电机线间电阻,判断是否电动机绕组断路或匝间短路,不合格时更换电动机; (2)电动机转子由于锈蚀等造成卡阻,更换电动机; (3)油泵扭矩过大,更换油泵组
		油箱缺油	油位在油标尺上下限之间	用专用注油器在注油接头注油[中国石油天然气股份有限公司玉门油田分公司炼油化工总厂生产的昆仑牌10号航空液压油(SH 0358)]
		节流阀处滤芯堵塞	滤芯表面干净且透气	滤芯表面应无油泥、胶沫等附着物,颜色暗黄且透气,若表面有黑色附着物,需更换新的滤芯,这种故障和使用的液压油有直接关系,需按说明书要求注油

续上表

序号	故障现象		正常指标	故障原因及处理方法
1	转辙机不动作	油泵组或油泵无压力、压力不足	ZY(J)7型电液转辙机油泵组、Y(J)4型和Y(J)5型液压站电操溢流压力大于或等于12 MPa;手摇压力大于或等于8 MPa。Y(J)1型液压站电操溢流压力可调至4.5 MPa以上;手摇压力大于或等于3.2 MPa	1. 如果单方向溢流压力不达标,检查溢流阀下部的密封圈是否损坏,如果损坏,更换密封圈;如果没有损坏,可通过互换溢流阀来验证是否溢流阀内部失效,更换失效溢流阀;如果故障依然存在,更换油泵组 2. 如果双方向溢流压力均不达标,更换油泵组 3. Y(J)1型液压站若确定非溢流阀故障,为提高更换效率,建议整体更换液压站
		接点组挤脱、接点组卡阻或接点接触不良	滚轮转动灵活,滚轮无明显磨损,启动片和动作板立面间隙为(1±0.3)mm,2018年后出厂的为(1.5±0.5)mm	1. 检查启动片在落下状态,如果滚轮不转: (1)检查滚轮是否打底,通过调整1、4排接点深度解决; (2)如果滚轮仍不转,更换启动片组 2. 滚轮能转动但有明显的磨损平面,更换启动片组 3. 启动片和动作板立面间隙不合格,通过调整接点组四条固定螺栓,调整合格 4. 检查各动、静接点组是否接触良好,对动、静接点组进行擦拭或更换 5. 必要时更换接点组
		动作杆组防反弹力大	防反弹装置解锁压力小于4.5 MPa,与空动压力差值大于1 MPa	扳起启动片,动作杆解锁力在5.5 MPa以下,否则更换合格解锁力的动作杆
		油缸、空动缸内泄	无内泄,溢流压力大于或等于12 MPa	密封圈损坏,更换油缸或空动缸密封圈组件,可通过监测动作时间进行预防
		手动阀	手动阀正常应处于关闭状态	此故障主要指ZY4/6转辙机,正常电操时手动方轴不应能插入手动轴方孔内,否则需扳动手动阀手柄旋转90°
2	动作不到位	油箱缺油	油位在油标尺上下限之间	用专用注油器在注油接头注油[中国石油天然气股份有限公司玉门油田分公司炼油化工总厂生产的昆仑牌10号航空液压油(SH 0358)]
		油泵组或油泵无压力或压力不足	ZY(J)7型电液转辙机油泵组、Y(J)4型和Y(J)5型液压站电操溢流压力大于或等于12 MPa;手摇压力大于或等于8 MPa。Y(J)1型液压站电操溢流压力可调至4.5 MPa以上;手摇压力大于或等于3.2 MPa	1. 如果单方向溢流压力不达标,检查溢流阀下部的密封圈是否损坏,如果损坏,更换密封圈;如果没有损坏,可通过互换溢流阀来验证是否溢流阀内部失效,更换失效溢流阀;如果故障依然存在,更换油泵组 2. 如果双方向溢流压力均不达标,更换油泵组 3. Y(J)1型液压站若确定非溢流阀故障,为提高更换效率,建议整体更换液压站
		油缸盖板螺钉松动造成卡阻	螺钉紧固到位,锁铆牢固,螺钉不高于盖板	检查盖板螺钉不得高于盖板平面且不得松动,否则应及时紧固螺钉并重新锁铆
		侧壁衬垫脱落造成卡阻	粘接牢固,铆钉无松动	检查衬垫无脱落、松动现象;若衬垫或铆钉松动,需及时加固或重新铆接
		油缸、空动缸内泄	无内泄,溢流压力大于或等于12 MPa	密封圈损坏,更换油缸或空动缸密封圈组件,可通过监测动作时间进行预防

续上表

序号	故障现象		正常指标	故障原因及处理方法
2	动作不到位	动作杆或表示杆处保护管装反或错装	动作杆保护管一般较锁闭杆或表示杆处保护管长且其短边垂直于大地，锁闭杆或表示杆处保护管长边垂直于大地	检查动作杆或表示杆处保护管，按要求正确安装
		道岔转换阻力超标	道岔阻力符合规定值，密贴力不宜过大	1. 道岔阻力超标，联系工务整治道岔 2. 密贴过紧，内锁闭道岔调整密贴调整杆，外锁闭道岔按照《GW 型外锁闭装置密贴调整检查作业指导意见》（工电通号函〔2018〕8 号）进行调整 3. 外部有卡阻物，清除卡阻物 4. 外锁闭装置磨耗超标，更换磨耗件 5. 安装不平顺、杆件别劲，调整至符合要求
3	转辙机到位后无表示	目视接点环已接通静接点片	目视接点环已接通的接点片应正常接通	1. 动、静接点之间有污物或接点压力不符合要求，进行清理、修复或更换 2. 检查控制电路是否工作正常
		目视接点环未接通静接点片	机外表示杆无轴向窜动，各部螺栓紧固到位，锁闭杆或表示杆动作到位且缺口间隙合格	1. 检查道岔状态及机外表示杆状态，用手拖动外表示杆，轴向无窜动，各部螺栓无松动，开口销完好 2. 检查各牵引点锁闭柱或检查柱完全落入锁闭杆或表示杆槽内，且缺口间隙合格。外锁道岔还应检查斥离轨对应的锁闭柱或检查柱，不合格时调整缺口到规定值
			启动片正常落下、动接点与静接点可靠接触	1. 启动片转动不灵活，可进行注油处理 2. 动、静接点松动，拉簧及其接头松脱，紧固、修复或更换 3. 动接点轴端部卡簧或螺母脱落，进行修复或更换
		转辙机发生挤脱现象	锁闭铁无位移，挤脱块、顶杆未向上动作	转辙机挤脱，现场可根据需要通过恢复挤脱（具体方法详见转辙机使用说明书）应急使用。 注：按《普速铁路信号维护规则　技术标准》3.4.16c）的要求，挤岔后设备应整机更换，现场不得随意调整
		挤脱接点座	锁闭铁无位移，顶杆无向上动作	检查锁闭铁位置无变化，顶杆无向上动作，动接点转换到位。如果挤岔，将道岔操至四开位置，临时可以通过破坏挤脱块上铅封，去除开口销，拧下调整母，拿出挤脱块和环簧组（注意不要将调整母彻底拿下，防止环簧崩开伤人），拨动锁闭铁复位，然后按顺序将各零件重新装配即可。 注：按《普速铁路信号维护规则　技术标准》3.4.16 c）的要求，挤岔后设备应整机更换，现场不得随意调整
4	转辙机内有异响	油泵组异响	工作时压力平稳，无忽高忽低现象，电操溢流压力大于或等于 12 MPa；手摇压力大于或等于 8 MPa，声音正常	1. 噪声过大，进行补油和排气 2. 油泵压力不达标或有明显的嗒嗒声，更换油泵组
		中间联轴器	和支架无摩擦，轴向拨动灵活，无异响	1. 检查中间联轴器外圆和油泵支架无摩擦，否则更换支架 2. 轴向拨动联轴器动作灵活，若有杂音，涂 TR-1 润滑脂或重新装配

续上表

序号	故障现象		正常指标	故障原因及处理方法
4	转辙机内有异响	惯性轮	用手拨动惯性轮,有明显均匀阻力,无忽松忽紧现象,无异响	检查方法:固定电机轴不动,用手拨动惯性轮,惯性轮应有明显均匀阻力,无忽松忽紧现象 处理方法: 1. 若阻力过大,临时在摩擦柱装配孔内滴注数滴机油,摩擦后使惯性轮转动灵活,然后在天窗点内取出惯性轮,清理(用细砂布打磨)电机轴和铜套内杂质或附着物,重新装配 2. 若过松会失去作用并有异响,需天窗点内更换摩擦柱和弹簧
		动作杆保护管	动作时该处无声音	由于动作杆保护管密封较好,动作杆动作时形成气筒效应,发出"呲呲"的声音,可以忽略,也可以将其中一个紧固件略微松动,漏气后声音即可消除
5	动接点缓慢落下	道岔开程不均匀	两侧开程相差不大于3 mm,道岔无虚开程	1. 通过调整安装装置动作杆使两边开程均匀 2. 通过调整道岔防跳限位器位置或减小末端牵引点处开程克服尖轨虚开
		油缸速动片卡阻	速动片动作灵活	检查油缸速动片是否灵活,如果不灵活,可进行注油处理,速动片弹簧失效时更换油缸
		接点组卡阻,转换阻力大	接点组锁闭柱动作灵活,无卡阻	通过扳动调整板和启动片分别检查两锁闭柱是否灵活,如不灵活,可调整或注油处理
6	油缸到位后反弹断表示	油路系统	系统内无空气	在道岔4 mm不锁闭或在锁闭位置继续手摇转辙机时,通过快速释放溢流压力和增加溢流压力的方法,伸出和拉入两方向均排气三个往返,基本排除系统空气
		惯性轮	用手拨动惯性轮,有明显均匀阻力,无忽松忽紧现象,无异响	检查方法:固定电机轴不动,用手拨动惯性轮,惯性轮应有明显均匀阻力,无忽松忽紧现象 处理方法: 1. 若阻力过大,临时在摩擦柱装配孔内滴注数滴机油,摩擦后使惯性轮转动灵活,然后在天窗点内取出惯性轮,清理(用细砂布打磨)电机轴和铜套内杂质或附着物,重新装配 2. 若过松会失去作用并有异响,需天窗点内更换摩擦柱和弹簧
		动作压力	额定负载下,ZY(J)7型电液转辙机动作压力不大于10.5 MPa,ZY(J)4、ZY(J)6型电液转辙机不大于3.2 MPa	检查道岔转换时动作压力是否超标,如果超标,通过手摇转辙机,观察压力表数值变化查找道岔阻力位置
7	各牵引点动作不同步	流量调节阀	调节阀调整灵活,密封良好	如道岔严重不同步,可将动作快的牵引点对应调节阀流量减小,动作慢的牵引点调最大,可临时缓解不同步,最终解决需联系工务部门整治道岔
		外锁闭装置阻力大	外锁闭装置各部件无别劲磨卡,道岔爬行不超标	检查各部件无别劲磨卡,尤其是锁闭杆和锁闭框无明显磨卡,锁闭杆平顺无扭曲,道岔爬行不大于20 mm,锁闭框和尖轨连接铁有调整余量,锁钩和尖轨底部边缘有大于1 mm以上间隙,所有零件磨耗不超过《铁路道岔转换设备安装技术条件》(Q/CR 848—2021)要求

续上表

序号	故障现象		正常指标	故障原因及处理方法
8	油箱油位持续下降	转辙机底壳内部有油污	转辙机底壳内部干净无油污	1. 通过手摸和溢流试验的方法检查 2. 检查油泵组油箱上下平面处,此处渗油需更换油箱或油箱密封圈 3. 检查油管卡套处,此处渗油可通过专业扳手紧固处理 4. 检查油缸活塞杆处和活塞杆两端,此处渗油需更换油缸组或更换密封件 5. 启动油缸和二动接头连接处,此处渗油需紧固机壳外部的二动接头或更换密封件
		底壳外部胶管接头有油污	二动接头紧固良好,密封垫完好无油污,胶管总成表面无鼓包、破皮和泄漏	1. 检查二动接头紧固良好、无松动 2. 检查二动接头处密封件完好,有破裂或密封面损伤时更换密封件 3. 检查胶管总成表面无鼓包、破皮和泄漏,有破损时用胶管总成补丁片临时加固,或更换整根胶管总成
9	应急处理	外部胶管损坏	防护胶管防护到位,无鼓包起泡及严重龟裂,压接处无渗漏	如有问题,及时更换
		油泵组失效	1. ZY(J)7 型电液转辙机、Y(J)5 型液压站和Y(J)6 型液压站电操溢流压力低于 10.5 MPa,手摇无压力 2. Y(J)1 型液压站电操溢流压力低于 3.2 MPa,手摇无压力 3. Y(J)7 型液压站电操溢流压力低于 7 MPa,手摇无压力	及时更换

6.1.2 电液转辙机应急处置方法

1. ZY(J)7 型电液转辙机应急处置方法一。

(1)先松开溢流阀,然后用撬杠或其他工具分别撬动一、二动转辙机和转换锁闭器的油缸,使动作杆解锁。

(2)用撬杠撬动斥离轨,使一、二动外锁闭解锁并至另一个位置,再撬动另一尖轨至斥离位。

(3)再用小撬杠撬动一、二动油缸,使转辙机和转换锁闭器锁闭,接点落下,给出另一表示即可。

2. ZY(J)7 型电液转辙机应急处置方法二。

2016 年针对 ZY(J)7 型电液转辙机制作了应急手扳装置,如图 6-1 所示。

使用方法:先松开溢流阀,然后用应急手扳装置分别扳动一、二动转辙机和转换锁闭器

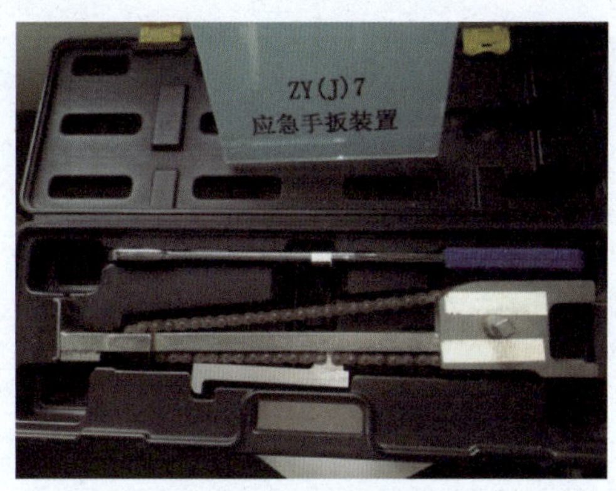

图 6-1　应急手扳装置

的油缸,使道岔直接转换到位,给出表示。若人员和应急扳手数量满足牵引点数,各牵引点可同时操作,极短时间内可将道岔转换位置。

3. ZY(J)S7 型电液转辙机应急处置方法:松开液压站内溢流阀,使用扳手扳动转辙机。

4. ZY(J)4、ZY(J)6 型电液转辙机应急处置方法:打开手动阀,使用专用方轴扳动转辙机。

5. ZY(J)9 电液转辙机应急处置方法:松开转换单元内的溢流阀,用专用的五方扳手扳动转辙机。

6.2　外锁闭装置和安装装置故障及处理方法

外锁闭装置和安装装置常见故障及处理方法,见表 6-2。

表 6-2　外锁闭装置和安装装置常见故障及处理方法

序号	故障现象	检查项点	正常指标	处理方法
1	外锁闭装置不解锁	密贴力过紧	4 mm 不锁闭	试验道岔 4 mm 不锁闭后,建议参照《GW 型外锁闭装置密贴调整检查作业指导意见》(工电通号函〔2018〕8 号)进行调整
		道岔外部阻力大	外锁闭装置各部件无别劲、磨卡,道岔爬行不超标	检查各部件无别劲、磨卡,尤其是锁闭杆和锁闭框无明显磨卡,锁闭杆平顺无扭曲,爬行不大于 20 mm,锁闭框和尖轨连接铁有调整余量,锁钩和尖轨底部边缘有大于 1 mm 以上间隙,所有零件磨耗不超过《普速铁路信号维护规则　技术标准》3.7.6 的要求
		转辙机溢流压力低	溢流压力应为额定负载时动作压力的 1.1~1.3 倍,最大不超过 14 MPa	若溢流压力无法达到规定值,如果是单方向溢流压力不达标,检查溢流阀下部的密封圈是否损坏,如果损坏,更换密封圈;如果没有损坏,可通过互换溢流阀来验证是否溢流阀内部失效,如果故障依然存在,需更换油泵组或油泵,为节约时间,也可整体更换电机油泵组

续上表

序号	故障现象	检查项点	正常指标	处理方法
2	外锁闭装置不锁闭	密贴力过紧	试验 4 mm 不锁闭前提是道岔能正常转换到位	若道岔无法正常转换并锁闭，应减少密贴调整片，保证道岔能正常转换到位，然后再参照《GW 型外锁闭装置密贴调整检查作业指导意见》（工电通号函〔2018〕8 号）进行调整
		锁闭杆限位块顶锁闭框	道岔开程调整合格后，将限位块调整距锁闭框 1～3 mm	通过调整安装装置动作杆，使两边开程或锁闭量均匀（偏差不大于 3 mm），注意测量开程时要去掉虚开程值，然后再调整限位块位置
		锁钩和锁闭杆型号是否正确	标记正确，图号正确	通过查表或电话咨询，确保外锁闭装置的锁钩和锁闭杆型号与道岔匹配，若有错误，及时联系售后人员进行更换
		安装装置动作杆型号正确	标记正确，图号正确	若转辙机已到位，安装装置动作杆已调至最长，而道岔依然无法锁闭，说明安装装置动作杆过短；若转辙机未到位，安装装置动作杆已调至最短，而道岔却已经锁闭，说明安装装置动作杆过长，及时联系售后人员进行更换处理
3	锁闭杆磨卡锁闭框	尖轨或基本轨位置	尖轨或基本轨爬行不超过 20 mm	若尖轨或基本轨爬行不超过 20 mm，可通过调整锁闭框克服，若超过 20 mm，联系工务整治道岔
		心轨锁闭框型号用错	确定道岔开向，确定标记正确，图号正确	通过查表或电话咨询，确保锁闭框型号正确，若有错误，及时联系售后人员
4	锁钩和尖轨底部边缘磨卡	尖轨连接铁型号正确	标记正确，图号正确	正常安装合格的外锁闭装置，客专道岔该处最小间隙为 2 mm，其他道岔该处最小间隙为 1.5 mm，如果已磨卡，说明尖轨连接铁错误，应及时更换
5	无密贴调整片且密贴力紧	道岔框架是否有偏差	密贴调整片在设计时预留 3～5 mm 调整量	首先联系工务整治道岔框架尺寸，如果工务无法调整，经电务主管同意后，联系售后人员制作同型号去薄锁闭铁适应该组道岔
6	不连外部杆件正常，连接后动作压力或解锁压力大	转辙机动作杆和外锁闭装置锁闭杆的水平偏差	按《普速铁路信号维护规则 技术标准》3.1.2a），要求不大于 5 mm	1. 锁闭框安装孔距前枕木中心符合图纸要求，不合格调整枕距 2. 松开弯板、横连板、转辙机地脚等处紧固件，调整位置使转辙机动作杆垂直于直基本轨
		转辙机动作杆和外锁闭装置锁闭杆的垂直偏差	按《普速铁路信号维护规则 技术标准》3.1.2b），要求不大于 10 mm	1. 通过调整转辙机安装调整垫 2. 检查外锁闭装置锁闭框型号和转辙机弯板型号，应符合图纸要求和装箱单
7	外锁闭装置调整合格后缺口无法调整	安装装置表示杆	按《普速铁路信号维护规则 技术标准》3.1.5，要求螺纹余量不小于 10 mm	分为两种情况，一是杆件不够长；二是杆件够长但螺纹尺寸不够。两种情况均需更换合格杆件，原因应为未按图纸要求和装箱单安装同道岔配套的杆件，需及时更换合格杆件
8	缺口变化大	尖轨关节轴承接头板	调整螺母转动灵活，轴向窜动不大于 0.3 mm，注油合格	若现场检查发现有不合格关节轴承接头板，及时通知售后人员处理。建议关节轴承接头板每半年注铁路锂基脂一次
		心轨表示杆绝缘	尺寸合格无磨损	若绝缘磨损严重会引起心轨缺口变化，现场及时检查并定期更换
		各相关紧固件	螺母紧固到位，有防松措施	目测防松措施未失效，弹簧垫已压平，否则应重新紧固

6.3　易损部件

根据电液转辙机寿命管理要求，ZY(J)7 型电液转辙机易损部件的规定见表 6-3。

表 6-3　ZY(J)7 型电液转辙机易损部件及建议更换时限/条件

<table>
<tr><th>序号</th><th>名　称</th><th>图　　号</th><th>使用部位</th><th>示　　例</th><th>建议更换时限/条件</th></tr>
<tr><td>1</td><td>防水圈</td><td>X2281.501.65、X2281.501.66</td><td>转辙机方、圆孔套内</td><td></td><td rowspan="2">5 年或锁闭杆、表示杆及动作杆处毡垫注油后防水不良时</td></tr>
<tr><td>2</td><td>防水垫</td><td>X2281.501.89、X2281.501.90</td><td>转辙机方、圆孔套处</td><td></td></tr>
<tr><td>3</td><td>方孔套</td><td>X2281.501.07、X2281.501.70</td><td>转辙机锁闭杆或表示杆处</td><td></td><td rowspan="2">磨损量超过 1 mm</td></tr>
<tr><td>4</td><td>圆孔套</td><td>X2281.501.08</td><td>转辙机动作杆处</td><td></td></tr>
<tr><td>5</td><td>堵孔圈</td><td>X2281.501.09、X2281.501.69</td><td>转辙机方、圆孔套内</td><td></td><td>随方、圆孔套一同更换</td></tr>
<tr><td>6</td><td>碳刷（直流电动机）</td><td></td><td>直流电动机</td><td></td><td>磨损量达到或超过碳刷标记线时</td></tr>
<tr><td>7</td><td>密封条</td><td>X2281.542.05LS、X2284.520.03LS</td><td>转辙机大盖内</td><td></td><td>8 年或大盖密封不良时</td></tr>
<tr><td>8</td><td>绝缘板</td><td>X2281.543.04、X2281.543.07</td><td>锁闭或表示杆接头处</td><td></td><td>绝缘不良或破损</td></tr>
</table>

续上表

序号	名　称	图　　号	使用部位	示　　例	建议更换时限/条件
9	螺栓销	X2281. 543. 06	锁闭或表示杆接头处		磨损量超过 0.5 mm
10	钢套	X2281. 580. 02、X2281. 543. 12	动作杆头部销孔内；锁闭、表示杆头部销孔内		
11	静接点组	X2346. 204. 00	转辙机接点组部分		50 万次或必要时

6. 4　部件更换方法

6. 4. 1　更换胶管总成

1. 更换前准备工作及工具

(1)确定胶管总成型号与现场使用的一致。

(2)工具：19 开口扳手(调油压或松紧接头)、14 开口扳手(松紧油管接头)、手钳(拆绑防护胶管钢丝)、250 mm 活扳手 2 把(拆卸槽钢卡螺栓)、ϕ14 和 ϕ18 的钢垫或紫铜垫若干、注油器、YH-10 号航空液压油 2 L。

2. 更换步骤及注意事项

第一种更换方法：

(1)断开安全接点，并将两侧溢流阀完全松开(0 压力)，如图 6-2 所示。

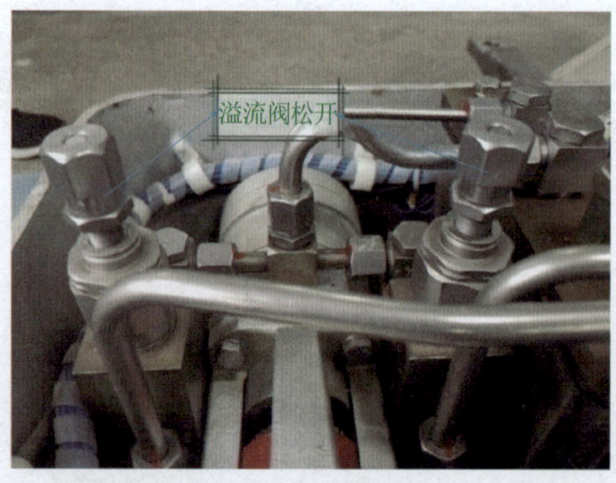

图 6-2　溢流阀松开

(2)拆掉转辙机油管防护罩,先松开连接转辙机所在位置侧(如拉入侧)的主机接头,将新油管连接好并紧固接头(图6-3)。然后再将油管另一端连接在副机对应一侧接头,不紧固(图6-4)。注意检查密封垫是否有破损,若破损需更换新的密封垫。另一根油管暂时不连接。

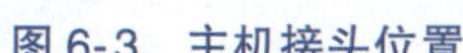
图6-3 主机接头位置

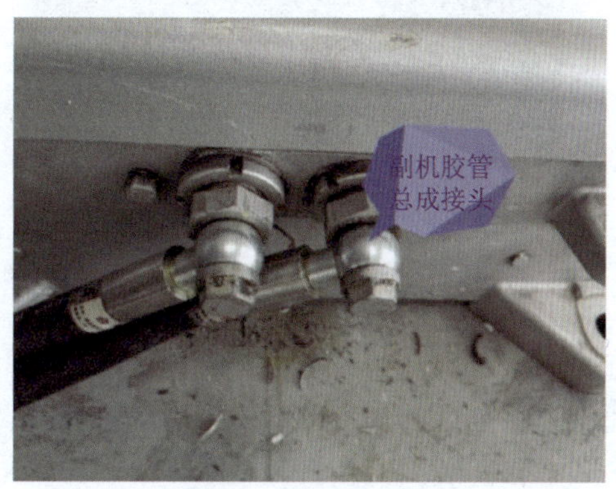

图6-4 副机接头位置

(3)将该侧(如拉入侧)溢流阀调整到原来的位置,手摇转辙机溢流(油缸向拉入侧动作),向新换油管里注油,当副机接头有油流出时将油管接头紧死。注意手摇时观察油箱油位,不足时及时补充液压油。

(4)重复上面两个步骤,完成另一侧胶管总成更换。

第二种更换方法:

(1)断开安全接点,并将两侧溢流阀完全松开(0压力)。

(2)在上道前,将两根胶管总成均注满液压油,并用封口盖和胶带密封好。

(3)拆掉转辙机油管防护罩,拆掉旧的胶管总成,直接将注满油的胶管总成安装在主、副机两端,拧紧接头。注意胶管总成不要交叉,检查密封垫是否有破损,破损需更换新的密封垫。

3. 更换后试验

(1)两根油管都更换完毕后,电操转辙机伸出使其处于溢流状态,通过快速松紧溢流阀排气三次,然后拉入侧夹4 mm溢流,通过快速松紧溢流阀排气三次,经过往返排气后,油管内空气基本排空,同时观察油管接头是否渗漏,如图6-5所示。

(2)如果现场不具备电操条件,需手摇转辙机溢流排气,方法同上。

(3)再次检查油箱油位,标定溢流压力,并夹4 mm厚、20 mm宽钢板进行4 mm试验,再次确认油管接头是否渗漏。

(4)将防护胶管绑扎在胶管总成两端,并用槽钢防护到位。

(5)安装转辙机油管防护罩。

6.4.2 更换表示杆、动作杆防水材料

由于锁闭杆(表示杆)处的防水材料失效造成电液转辙机进水进潮,需对杆件处的防水材料进行更换,更换步骤如下:将机内锁闭杆(表示杆)拔出,方孔套四个固定螺栓松开,取

图 6-5 观察油管接头是否漏油

出方孔套，并将方孔套上小螺钉松开，旋出旧的方堵孔圈，将新的方堵孔圈旋入方孔套内，小螺钉拧到位（图 6-6），然后将 6 mm 厚毛毡（浸机油）嵌入方孔套内待用。依次将铝板、防水垫和方孔套装到锁闭杆上（图 6-7），穿好锁闭杆拧上四条螺栓，拖动锁闭杆动作灵活后紧死螺栓，最后连接外部杆件。

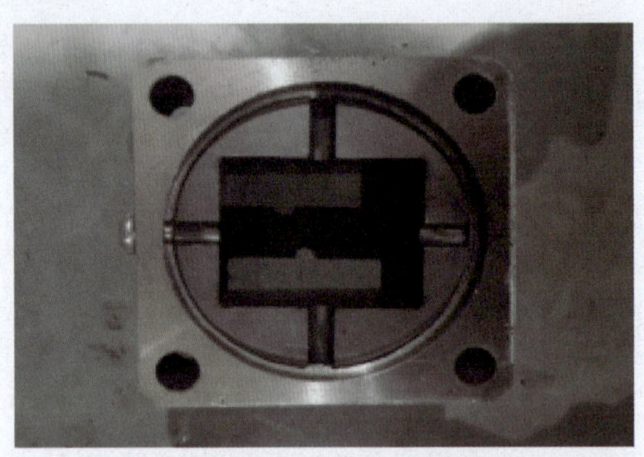

图 6-6 方孔套小螺钉位置

图 6-7 铝板、防水垫、方孔套穿杆顺序

电液转辙机锁闭杆(表示杆)和动作杆的防水结构在2012年6月至2017年12月期间只有堵孔圈(厚度13.5 mm),2018年以后改为堵孔圈(厚度10 mm)、毛毡(厚度6 mm)和防水垫的结构,如图6-8所示。

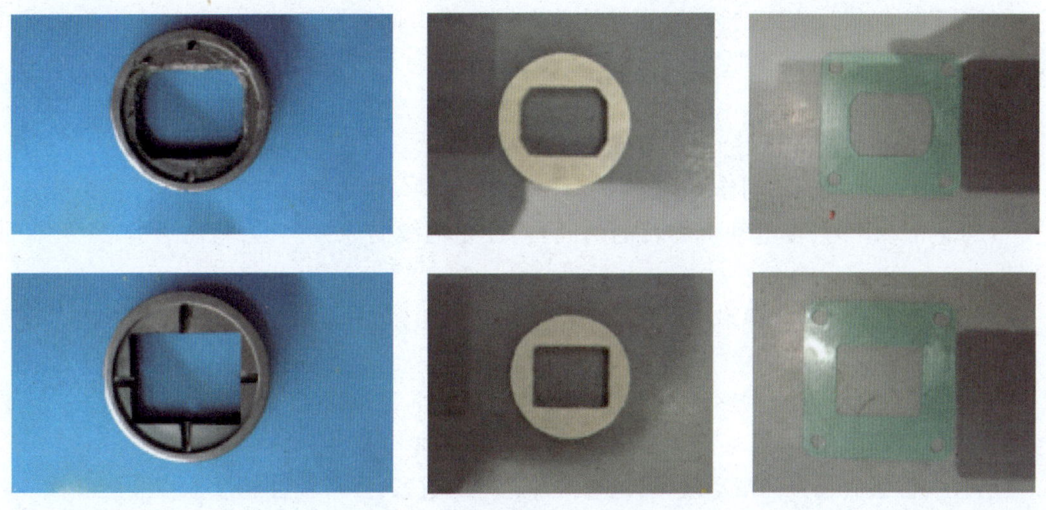

图6-8 堵孔圈、毛毡、防水垫

针对现场2018年以前的电液转辙机,如果要改善防水防潮,主要是在锁闭杆(表示杆)出杆位置。由于该部位和外部杆件连接,因此有两种改善方法:

1. 将4 mm厚毛毡(浸机油),下部剪斜口,拆除铝板后嵌进方孔套内即可,该方法施工简单,但效果略差,如图6-9所示。

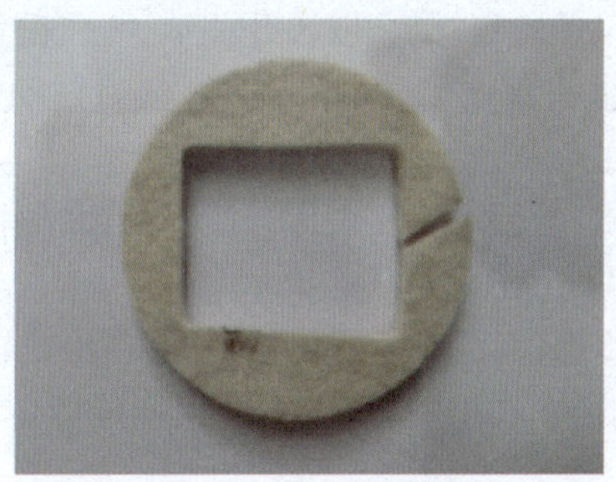

图6-9 4 mm厚毛毡

2. 拔出锁闭杆(表示杆),安装新的防水结构,该方法效果明显,但需要拔杆断表示,工作量大。

注意事项:

(1)如果方孔套磨耗严重,需更换新的方孔套,否则效果不明显。

(2)毛毡必须提前浸泡在32号机油内4 h以上。

(3)更换完毕后重新调整机内缺口,并调整机外缺口观察窗,使机内、外一致。

6.4.3 更换惯性轮

惯性轮作为电液转辙机一个主要部件。在油缸到位瞬间,油缸的两油腔会形成压差,造成油泵和电动机反方向动作,利用惯性轮向原动作方向继续转动的动能,可抵消油泵和电动机反转,从而使油缸两腔压力平衡,防止油缸反方向动作造成断表示故障。

1. 检查方法

为确保惯性轮性能良好,应从以下几个方面检查:

(1)固定电动机轴不动作,用手指拨动惯性轮,有均匀阻力,无忽松忽紧的感觉。

(2)正常动作时,在电动机停转的瞬间,惯性轮继续向原方向动作,然后有 2~3 圈的回转。

(3)用一字螺丝刀轻微沿电动机轴方向撬动惯性轮,无明显位移。

通过以上三步检查,可判定该惯性轮合格。

日常检修时,应结合观察油缸到位后是否有反方向窜动现象,因惯性轮失效的表现就是油缸到位后反方向窜动,如果无窜动,也可判定惯性轮合格。

若发现油缸有反方向窜动现象,检查惯性轮是否过紧,可从惯性轮摩擦柱装配孔滴 3~5 滴润滑油,固定电机轴,使惯性轮转动,可临时恢复惯性轮性能。惯性轮过松现象一般现场发生概率极小。不论过紧过松,应在最近的天窗点内清理电机轴杂质或更换摩擦柱,从根本上解决故障隐患。

注意:不得滴油过多,否则惯性轮打滑失效。

2. 更换步骤

(1)拆开遮断器开关轴处的开口销,取下花螺母、小碟簧、套管和动插头组。

(2)松开电机轴套上的三条固定螺栓,取出开关轴、堵孔板和电机轴套。

(3)用卡簧钳拆开电机轴头部的卡簧,用一字螺丝刀撬动惯性轮,将惯性轮脱离电机轴,注意摩擦柱和弹簧掉入机壳内。

(4)清理电机轴表面杂质,清理摩擦柱表面杂质,检查摩擦柱摩擦面是否有较深划痕或偏磨的现象,否则应更换新的摩擦柱。

(5)使用惯性轮装配套将摩擦柱、弹簧、惯性轮安装在电机轴上,装好平垫和卡簧。

(6)依次将开关轴、堵孔板套在电机轴套上,并用螺栓固定在底壳上,注意密封垫要装配正确。

(7)依次将动插头组、套管、小碟簧、花螺母装配到开关轴上,并检查遮断器动作松紧是否合适,然后安装开口销。

由于现场职工对惯性轮拆装不熟悉,可联系售后人员现场培训指导,确保设备安全运行。

6.4.4 更换溢流阀

1. 更换前工具准备

ϕ34 套筒、套筒杆、M6 内六角、19 开口扳手、破布。

2. 更换步骤及注意事项

(1)断开安全接点。

(2)用 19 开口扳手松开需更换溢流阀的背母,将溢流压力调至 0 MPa,如图 6-10 所示。

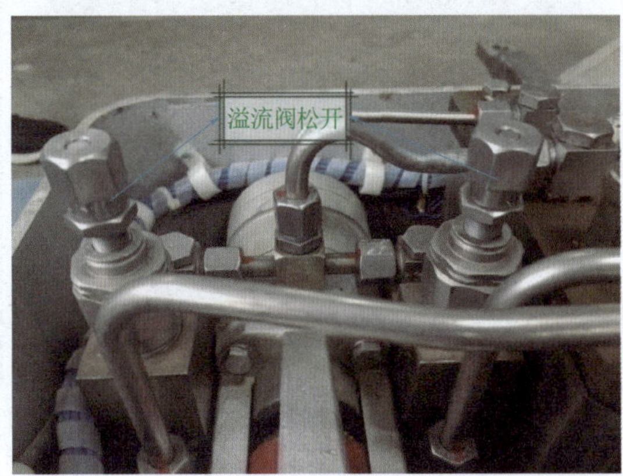

图 6-10　安全接点断开与溢流阀松开

(3)用 ϕ34 套筒拆卸需更换溢流阀,并将下部 ϕ18 组合垫取出,装上新 ϕ18 组合垫后拧紧新溢流阀,擦拭干净周边油液,如图 6-11 所示。

图 6-11　溢流阀盖母、背母、ϕ18 组合垫

(4)闭合安全接点,操动道岔,并用 M6 内六角调整新更换的溢流阀,达到规定溢流压力后用 19 开口扳手紧死背母,如果需要安装六角钢和溢流阀盖母。

注意事项:

(1)更换前确认新溢流阀完整,新 ϕ18 组合垫无破损。

(2)旧 ϕ18 组合垫不易取出,需耐心用中指慢慢取出,若密封带无破损可重复使用。

6.4.5　更换电机油泵组

1. 更换前准备工作及工具

(1)准备相同规格的直流或交流电机油泵组。

(2)工具:L 形套筒杆、加力杆、套筒 19 mm、开口扳手 19 mm、门字形油管专用工具、平头螺丝刀 100 mm,手摇把、压力表、电动机装配专用工具、注油器、液压油、破布,如图 6-12 所示。

图 6-12　更换电机油泵组用工具和液压油

2. 更换步骤及注意事项

(1)确定天窗时间不小于 30 min。

(2)断开安全接点,松开溢流阀,使系统压力降为 0 MPa。

(3)用门字形油管专用工具和 19 mm 开口扳手松开油管卡套,拆除油管。用 L 形套筒杆和 19 mm 套筒拆除电机垫板固定螺栓;用套筒拆除五柱端子上 3 根电机线,从线卡子里抽出电机线,如图 6-13 所示。

(4)一手提油泵回油管,另一端用专用工具,将电机油泵组抬出,用相同方法将新电机油泵组放入机内。注意油箱和配线的干涉。

(5)将手摇把插入电机轴上,拧上四条电机垫板地脚固定螺栓(不要紧死),先连接短油管后连接长油管。注意卡套要先用手拧上,防止乱扣。后用专用工具紧死卡套螺母,力矩 65~75 N·m,然后紧死四条电机地脚螺栓。

(6)连接电机三根线,注意线号。然后用专用工具注油至油标尺中线。

(7)合上安全接点,电操转辙机,先调整压力使转辙机动作,夹 4 mm 钢板溢流排气三个往返后,标定溢流压力至规定值。

(8)检查油箱油位应该在上下限之间,检查卡套处无渗漏,检查惯性轮不磨卡底壳。

(9)记录抄写整机及新旧电机油泵组编号,做好档案管理。

6.4.6　更换接点组(挤脱接点组)

1. 更换前准备工作及工具

(1)19 mm/13 mm/6 mm 套筒头、L 形套筒杆、M6 内六角套筒或 M6 内六角扳手、13 mm 开口扳手、大螺丝刀(一字、十字均可)、小螺丝刀(依线卡子类型)、手摇把、油管卡套专用工具、塞尺,如图 6-14 所示。

(2)确认待更换接点组型号准确。

2. 更换步骤及注意事项

(1)检查新接点动程正确,如图 6-15 所示,各部油润及螺纹是否良好。

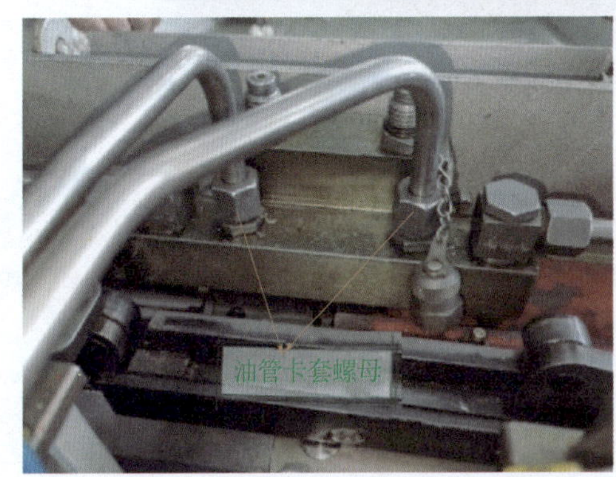

图6-13　电机垫板地脚螺栓、电机线、油管卡套螺母位置

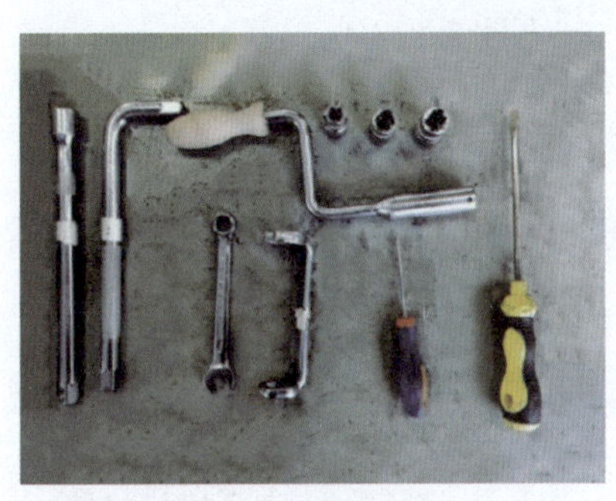

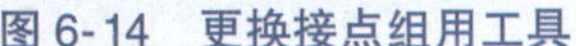
图6-14　更换接点组用工具

图6-15　动程标记所在位置

（2）将道岔摇至四开位置，便于拆装挤脱接点组。

（3）拆接点防护板，动、静接点组，垫管和主机的五柱端子架，以及主机两根机内油管（油管卡套专用工具）。

（4）拆接点组地脚四颗螺丝（19 mm 套筒头）。如图6-16所示，红色圆圈内为需要拆卸的螺丝。

（5）取出旧接点组，安装新接点组。

图 6-16　需拆卸的螺栓位置

(6)带齐零部件紧固好动、静接点,并调整好接点深度(4~6 mm)(图 6-17)和接点压力(5~12 N 两边均匀)。

图 6-17　调整接点深度

(7)动作试验,确保动接点动作灵活,无卡阻现象。

(8)做好记录,包括道岔号、新旧接点组编号、整机编号。

注意事项:

(1)拆卸下的各零件、螺栓及平弹垫摆放在合适位置,防止丢失。

(2)更换尖一和心一接点组时,若不拆卸除机内油管,必须将第三排静接点和下部固定板一起拆卸,便于从手摇把侧取出旧接点组。

(3)紧固接点组地脚螺栓时,注意检查启动片与动作板立面间隙 1~1.5 mm。

(4)尖一和心一注意将 M8×40 螺栓紧到位并紧固背母。

6.4.7　更换惯性轮摩擦柱及电机轴套防水垫

1. 更换前工具准备

手钳、14 mm 开口扳手、13 mm 套筒头、卡簧钳、L 形套筒扳手、300 mm 一字螺丝刀、手摇把、惯性轮装配套,如图 6-18 所示。

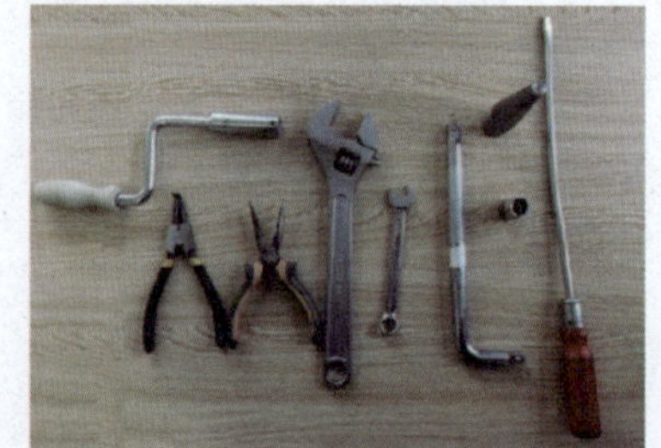

图 6-18　更换惯性轮摩擦柱及电机轴套防水垫工具

2. 更换步骤

(1)拆出开关轴上开口销(图 6-19),松开花螺母,取出平垫、长套管,转动开关轴取出静接点。

(2)用 13 mm 套筒头松开固定电机轴套的三条螺栓(螺栓是一长两短),如图 6-20 所示。

(3)用手直接取下电机轴套,更换轴套防水垫片。注意:电机轴套和底壳之间夹层有堵孔板和隔管,取轴套时小心丢失。

图 6-19　开关轴上开口销位置

图 6-20　电机轴套螺栓

(4)电机轴套取下后,可对惯性轮进更换。先用卡簧钳取出惯性轮侧面的卡簧,再用一字螺丝刀从电机侧向外轻轻撬动使惯性轮脱离电机轴。注意惯性轮轴孔处有一平垫,惯性轮内有两个弹簧、两个尼龙摩擦柱。惯性轮卡簧位置如图 6-21 所示。

(5)将 2 个弹簧先放入惯性轮孔内,再放入新的摩擦柱,安装惯性轮装配套。注意:惯性轮有反正;摩擦柱圆面朝轴一侧。

(6)将惯性轮装配套方口插在电机轴上,将惯性轴直接推上轴后加大平垫、卡簧,如图 6-22 所示。

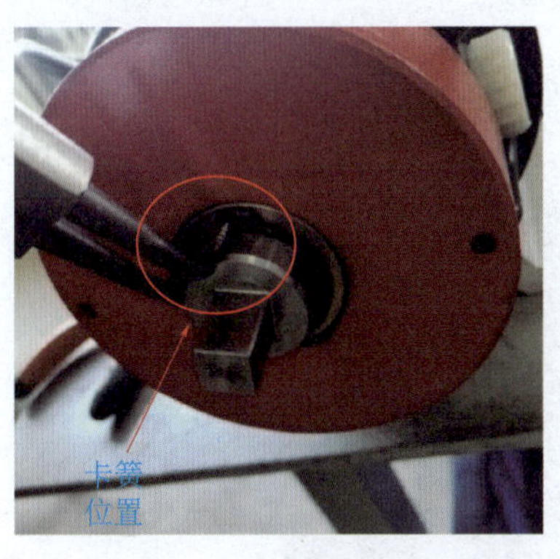

图 6-21　惯性轮卡簧位置

图 6-22　大平垫、卡簧

(7)最后将电机轴套的轴穿入底壳对其进行恢复。零件安装顺序:堵孔板穿入开关轴;小隔管穿入开关轴;开关轴插入底壳;将电机轴套三条螺栓用手拧到位,安装动插头;长隔管;小平垫;花螺母;开口销;最后插入手摇把定位,再紧固电机轴套三条螺栓。注意:开关轴在闭合位置时,堵孔板必须挡住手摇把孔;开关轴在闭合位置时,静插头必须在闭合状态。动插头、长隔管、小平垫、花螺母位置如图 6-23 所示。

注意事项:

(1)惯性轮摩擦柱更换后,手摇把摇入电机轴不动,用手拨动惯性轮转动,无忽松忽紧现象即可。

(2)电机轴套恢复后插入手摇把检查电机轴套同轴度,如手摇别劲,可松开固定电机轴

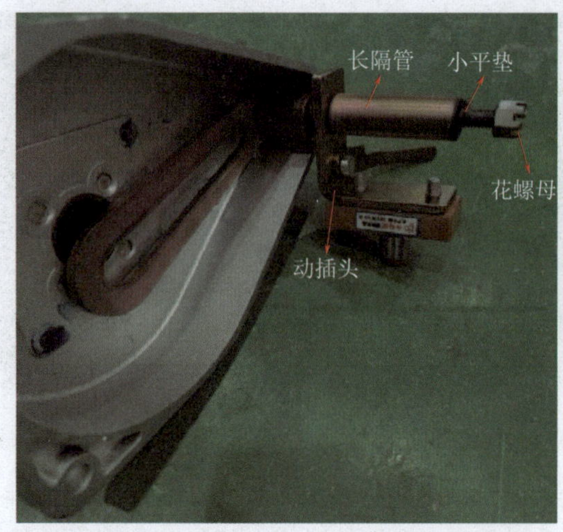

图 6-23　动插头、长隔管、小平垫、花螺母位置

套螺丝轻微移动进行调整。

(3)开关轴花螺母不可太紧,试验用手搬动遮断器略微有阻力最好,否则应调整花螺母。

6.4.8　调整转辙机动作杆左右伸向

1. 更换前工具准备

L 形套筒扳手、13 mm 套筒头、6 mm 内六方套筒头、手摇把,如图 6-24 所示。

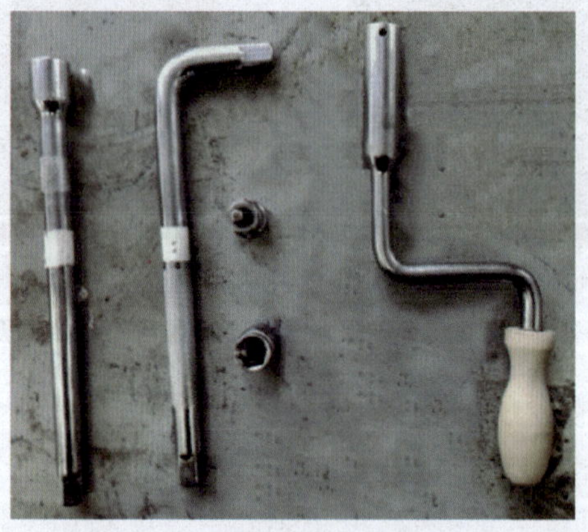

图 6-24　调整转辙机动作杆用工具

2. 更换步骤

(1)先用手摇把使转辙机手摇四开,分别拆除动作杆两侧圆孔套和表示杆(锁闭杆)两侧方孔套上的螺栓(螺栓有内六方和外六方)。注意:红色圆圈内为需要拆卸的螺栓,如图 6-25 所示。

(2)将动作杆侧保护管及配套内六角螺栓整体安装至另一侧,另一侧将原来的四条外六角螺栓调换位置。

图 6-25　需拆卸的方孔套螺栓位置

注意：

(1)保护管和铝板间也有防水垫片。

(2)固定螺栓两长两短，远离油缸大螺堵处垂直两条用长，近处垂直用短。

(3)将表示杆(锁闭杆)与同侧方孔套整体从机内抽出安装至另一侧，另一侧的保护管、方孔套拆除后调换位置。

(4)紧固两侧螺栓后，拖到表示杆(锁闭杆)应灵活动作。若拖动困难，需松开螺栓，检查防水垫及毛毡是否磨卡，调整后再次试验。注意：检查窗处螺栓比下面两条螺栓长 5 mm。

(5)手摇转辙机，将转辙机摇入拉入位置。

注意事项：

动作杆保护管是宽面朝上，表示杆或锁闭杆保护管是窄面朝上，如图 6-26 所示。螺栓长短不同，一定要安装正确。

图 6-26　保护管方向

6.4.9　更换转辙机大盖密封条

1. 更换前工具准备

手钳、一字改锥、7480 瞬干胶，如图 6-27 所示。

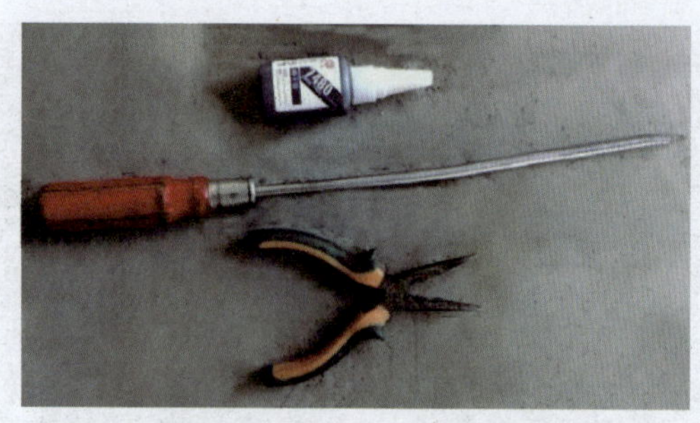

图 6-27 更换转辙机用工具

2. 更换步骤

(1)用手钳在转辙机后方取出开口销、平垫片，将机盖拆除放置到平整地面，如图 6-28 所示。注意：更换时对机盖喷漆面的防护。

图 6-28 机盖上开口销位置

(2)用一字改锥将旧密封条从机盖内取出。

(3)清理干净机盖密封条安装凹槽内杂质，并转圈涂匀 7480 瞬干胶。

(4)将新密封条装入机盖凹槽内，并且转圈压实。

(5)重新安装好机盖，装配好平垫和开口销。

注意事项：

(1)必须放置在平面处更换，不要悬空更换。

(2)机盖凹槽内一定要擦拭干净，否则造成粘接效果差。

附录 转辙机适配道岔类型

道岔类别	道岔图号	同类道岔	牵引点	道岔动程(mm)	配套转辙机	全主机	转辙机型号	转辙机物料编号	转辙机动程(mm)	转辙机转换力(kN)	机内用锁闭杆(表示杆)	配线	转换时间直流(交流)	胶管总成	安装装置图号	外锁图号
43/9 43/12	TB399. 1-75	交渡叁标线7065、交渡叁标线7072、交渡叁标线7458、交渡叁标线7077	J1	152	ZY(J)6		Y(J)1+ZY6	Y(J)1+ZY6	170	4	X2281. 440. 00		8. 5 (5. 5)	B2. 0	DQG04A	
43/9 43/12	TB399. 1-75	交渡叁标线7065、交渡叁标线7072、交渡叁标线7458、交渡叁标线7077、TB399. 2	J1	152	ZY(J)7		ZY(J)7-N	ZY(J)7-N/NS2+152	170	4. 2	X2281. 546. 00CX		8. 5 (6. 5)		S1030	
Dec-50	专线4147	专线4198、CZ207、CZ255、交渡专线7516	J1 J2	180 80	ZY(J)4		Y(J)1+ZY4 SH5	Y(J)1+ZY4 SH5	200 94	1. 8 4. 2	X2281. 440. 00 X2284. 440. 00		11. 5 (7. 5)	B2. 0 A4. 6	S0508	

续上表

道岔类别	道岔图号	同类道岔	牵引点	道岔动程（mm）	配套转辙机	全主机	转辙机型号	转辙机物料编号	转辙机动程（mm）	转辙机转换力（kN）	机内用锁闭杆（表示杆）	配线	转换时间直流（交流）	胶管总成	安装装置图号	外锁图号
Dec-50	专线 4257	CZ2227、交渡专线(01)7659、交渡专线(02)7660、交渡专线(02)7661、交渡专线(02)7662	J1 J2	160 82	ZY(J)4		Y(J)1+ZY4 SH5	Y(J)1+ZY4 SH5	200 94	1.8 4.2	X2281.440.00 X2284.440.00		11.5 (7.5)	B2.0 A4.6	S0510	
Dec-50	CZ2215	交渡 CZ2216	J1 J2	180 75	ZY(J)4		Y(J)1+ZY4 SH5	Y(J)1+ZY4 SH5	200 94	1.8 4.2	X2281.440.00 X2284.440.00		11.5 (7.5)	B2.0 A4.6	S0822	
Dec-50	专线 4144	专线 4145、CZ216	J1	152	ZY(J)6		Y(J)1+ZY6	Y(J)1+ZY6	170	4	X2281.440.00		8.5 (5.5)	B2.0	电号 9124A	
^Dec-50	专线 4147	专线 4198、CZ207、CZ255、交渡专线 7516	J1 J2	180 80	ZY(J)7	全主机	ZY(J)7-F ZY(J)7-U1	ZY(J)7-F/NS2+145-195 ZY(J)7-U1/NB2+50-100	200 140	2.5 4.2	X2281.543.00NX X2284.510.00A	均为 ZYJ7-DY-1	7.5 (5.5)		S1316B	
Dec-50	专线 4257	CZ2227、交渡专线(01)7659、交渡专线(02)7660、交渡专线(02)7661、交渡专线(02)7662	J1 J2	160 82	ZY(J)7	全主机	ZY(J)7-F ZY(J)7-U1	ZY(J)7-F/NS2+145-195 ZY(J)7-U1/NB2+50-100	200 140	2.5 4.2	X2281.543.00NX X2284.510.00A	均为 ZYJ7-DY-1	7.5 (5.5)		S1317B	
Dec-50	专线 4147	专线 4198、CZ207、CZ255、交渡专线 7516	J1 J2	180 80	ZY(J)7		ZY(J)7-F SH6-M1	ZY(J)7-F/NS1+145-195 SH6-M1/NB1+50-100	200 100	2.5 4.2	X2281.543.00NX X2284.510.00A	ZYJ7-DY-3	12.0 (8.5)	A6.1	S1023	
Dec-50	专线 4257	CZ2227、交渡专线(01)7659、交渡专线(02)7660、交渡专线(02)7661、交渡专线(02)7662	J1 J2	160 82	ZY(J)7		ZY(J)7-F SH6-M1	ZY(J)7-F/NS1+145-195 SH6-M1/NB1+50-100	200 100	2.5 4.2	X2281.543.00NX X2284.510.00A	ZYJ7-DY-3	12.0 (8.5)	A6.1	S1022	

续上表

道岔类别	道岔图号	同类道岔	牵引点	道岔动程(mm)	配套转辙机	全主机	转辙机型号	转辙机物料编号	转辙机动程(mm)	转辙机转换力(kN)	机内用锁闭杆(表示杆)	配线	转换时间直流(交流)	胶管总成	安装装置图号	外锁图号
Dec-50	CZ2215		J1 J2	180 75	ZY(J)7		ZY(J)7-F SH6-M1	ZY(J)7-F/NS1+145-195 SH6-M1/NB1+50-100	200 100	2.5 4.2	X2281.543.00NX X2284.510.00A	ZYJ7-DY-3	12.0 (8.5)	A6.1	S1023	
Dec-50	专线4257	CZ2227、交渡专线(01)7659、交渡专线(02)7660、交渡专线(02)7661、交渡专线(02)7662	J1 J2	160 82	ZY(J)7(M)		ZY(J)7(M)-F ZY(J)7(M)-U1	ZY(J)7(M)-F/NS2+145-195 ZY(J)7(M)-U1/NB2+50-100	200 140	2.5 4.2	X2281.755.00 X2284.723.00	均为ZYJ7-DY-1	7.5 (5.5)		S1317B	
Dec-50	专线4257	CZ2227、交渡专线(01)7659、交渡专线(02)7660、交渡专线(02)7661、交渡专线(02)7662	J1 J2	160 82	ZY(J)7	全主机	ZY(J)7-F ZY(J)7-X	ZY(J)7-F/NS2+145-195 ZY(J)7-X/NB2+50-100	200 100	2.5 4.2	X2281.543.00NX X2284.510.00A	均为ZYJ7-DY-1	7.5 (5.5)		S1317	
Dec-50	专线4147	专线4198、CZ207、CZ255、交渡专线7516	J1 J2	180 80	ZY(J)7	全主机	ZY(J)7-F ZY(J)7-X	ZY(J)7-F/NS2+145-195 ZY(J)7-X/NB2+50-100	200 100	2.5 4.2	X2281.543.00NX X2284.510.00A	均为ZYJ7-DY-1	7.5 (5.5)		S1316	
50/18	专线(01)4275	CZ260	J1 J2 J3	160 120 80	ZY(J)7		ZY(J)7-F SH6-F2 SH6-M1	ZY(J)7-F/NS1+145-195 SH6-F2/NB1+80-130 SH6-M1/NB1+50-100	200 150 100	2.5 2.5 4.2	X2281.543.00NX X2284.512.00A X2284.510.00A	ZYJ7-DY-5	17.0 (12.0)	G5.5 A6.1	S0618	
50/18	专线(01)4275	CZ260	J1 J2 J3	160 120 80	ZY(J)7	全主机	ZY(J)7-F ZY(J)7-S ZY(J)7-X	ZY(J)7-F/NS2+145-195 ZY(J)7-S/NB2+80-130 ZY(J)7-X/NB2+50-100	200 150 100	2.5 3.5 4.2	X2281.543.00NX X2284.512.00A X2284.510.00A	各点均为ZYJ7-DY-1	7.5 (5.5)		S1407	
Jun-50	SC384		J1	152	ZY(J)6		Y(J)1+ZY6	Y(J)1+ZY6	170	4	X2281.440.00		8.5 (5.5)	B2.0		
Jun-50	CZ2232		J1	152	ZY(J)7		ZY(J)7-N	ZY(J)7-N/NS2+152	170	4.2	X2281.546.00CX	ZYJ7-DY-1	8.5 (6.5)		S1744	

续上表

道岔类别	道岔图号	同类道岔	牵引点	道岔动程（mm）	配套转辙机	全主机	转辙机型号	转辙机物料编号	转辙机动程（mm）	转辙机转换力（kN）	机内用锁闭杆（表示杆）	配线	转换时间直流（交流）	胶管总成	安装装置图号	外锁图号
Jun-50	SC384		J1	152	ZY(J)7		ZY(J)7-N	ZY(J)7-N/NS2+152	170	4. 2	X2281. 546. 00CX	ZYJ7-DY-1	8. 5（6. 5）		S1814	
Jul-50	DC11-04		J1	152	ZY(J)7		ZY(J)7-N	ZY(J)7-N/NS2+152	170	4. 2	X2281. 546. 00CX	ZYJ7-DY-1	8. 5（6. 5）			
Jul-50	专线 9761-V-100		J1	152	ZY(J)7		ZY(J)7-N	ZY(J)7-N/NS2+152	170	4. 2	X2281. 546. 00CX	ZYJ7-DY-1			S2029	
Sep-50	CZ2277		J1	152	ZY(J)7		ZY(J)7-N	ZY(J)7-N/NS2+152	170	4. 2	X2281. 546. 00CX	ZYJ7-DY-1	8. 5（6. 5）		S1743	
Sep-50	专线 4144	专线 4145、CZ216	J1	152	ZY(J)7		ZY(J)7-N	ZY(J)7-N/NS2+152	170	4. 2	X2281. 546. 00CX	ZYJ7-DY-1	8. 5（6. 5）		S1032	
Sep-50	CZ2209	CZ2209A、交渡 CZ2210、交渡 CZ2211、交渡 CZ2212、交渡 CZ2213	J1	152	ZY(J)7		ZY(J)7-N	ZY(J)7-N/NS2+152	170	4. 2	X2281. 546. 00CX	ZYJ7-DY-1	8. 5（6. 5）		S1031	
Sep-50	专线 4151	CZ221、专线(02)4151、CZ2226、交渡 CZ2248、交渡 CZ2249、交渡 CZ2250、交渡 CZ2251、交渡专线(02)7663、交渡专线(02)7664、交渡专线(02)7665、交渡专线(02)7666	J1	152	ZY(J)7		ZY(J)7-N	ZY(J)7-N/NS2+152	170	4. 2	X2281. 546. 00CX	ZYJ7-DY-1	8. 5（6. 5）		S1032	

续上表

道岔类别	道岔图号	同类道岔	牵引点	道岔动程(mm)	配套转辙机	全主机	转辙机型号	转辙机物料编号	转辙机动程(mm)	转辙机转换力(kN)	机内用锁闭杆(表示杆)	配线	转换时间直流(交流)	胶管总成	安装装置图号	外锁图号
Sep-50	专线4141	专线4142、CZ208	J1	152	ZY(J)6		Y(J)1+ZY6	Y(J)1+ZY6	170	4	X2281. 440. 00		8. 5(5. 5)	B2. 0	电号9124A	
Sep-50	专线4151	CZ221、专线(02)4151、CZ2226、交渡CZ2248、交渡CZ2249、交渡CZ2250、交渡CZ2251、交渡专线(02)7663、交渡专线(02)7664、交渡专线(02)7665、交渡专线(02)7666	J1	152	ZY(J)6		Y(J)1+ZY6	Y(J)1+ZY6	170	4	X2281. 440. 00		8. 5(5. 5)	B2. 0	S0511A	
Sep-50	CZ2209	CZ2209A、交渡CZ2210、交渡CZ2211、交渡CZ2212、交渡CZ2213	J1	152	ZY(J)6		Y(J)1+ZY6	Y(J)1+ZY6	170	4	X2281. 440. 00		8. 5(5. 5)	B2. 0	S0808	
Sep-50	专线4141	专线4142、CZ208、TB399. 3、TB399. 4	J1	152	ZY(J)7		ZY(J)7-N	ZY(J)7-N/NS2+152	170	4. 2	X2281. 546. 00CX	ZYJ7-DY-1	8. 5(6. 5)		S1032	
Oct-60	TKZ-38		J1 J2 X1 X2	160 90 113 57	ZY(J)7		ZY(J)7 SH6-E ZY(J)7-A SH6-E1	ZY(J)7/S1+160 SH6-E/B2+88 ZY(J)7-A/S1+90-140 SH6-E1/1	220 150 220 150	2. 5 4. 2 2. 5 4. 2	X2281. 544. 00F X2284. 591. 00 X2281. 545. 00X	尖ZYJ7-DY-10 心ZYJ7-DY-3	尖14. 5(10. 0) 心14. 5(10. 0)	A6. 1 A4. 3	S2075	S2074

续上表

道岔类别	道岔图号	同类道岔	牵引点	道岔动程(mm)	配套转辙机	全主机	转辙机型号	转辙机物料编号	转辙机动程(mm)	转辙机转换力(kN)	机内用锁闭杆(表示杆)	配线	转换时间直流(交流)	胶管总成	安装装置图号	外锁图号
Nov-60	SC433		J1	152	ZY(J)6		Y(J)1+ZY6	Y(J)1+ZY6	170	4	X2281. 440. 00		8. 5 (5. 5)	B2. 0	S0502	
Dec-60	专线4102		J1	152	ZY(J)6		Y(J)1+ZY6	Y(J)1+ZY6	170	4	X2281. 440. 00		8. 5 (5. 5)	B2. 0	电号9126	
Dec-60	专线4228	专线4229、专线4230、CZ543、交渡7650、交渡7655、专线(02)7648-1、专线(02)7649-1、SC709	J1 J2	160 75	ZY(J)7		ZY(J)7-F SH6-M1	ZY(J)7-F/NS1+145-195 SH6-M1/NB1+50-100	200 100	2. 5 4. 2	X2281. 543. 00NX X2284. 510. 00A	ZYJ7-DY-3	12. 0 (8. 5)	A5. 5	S9161C	
Dec-60	SC330	CZ560、交渡SC340、交渡SC341、交渡SC342、交渡SC343、交渡CZ569	J1 J2	180 75	ZY(J)7		ZY(J)7-F SH6-M1	ZY(J)7-F/NS1+145-195 SH6-M1/NB1+50-100	200 100	2. 5 4. 2	X2281. 543. 00NX X2284. 510. 00A	ZYJ7-DY-3	12. 0 (8. 5)	A6. 1	S1021	
Dec-60	专线4190	CZ525、专线4191、专线4201、专线4220、专线4128	J1 J2	180 80	ZY(J)7		ZY(J)7-F SH6-M1	ZY(J)7-F/NS1+145-195 SH6-M1/NB1+50-100	200 100	2. 5 4. 2	X2281. 543. 00NX X2284. 510. 00A	ZYJ7-DY-3	12. 0 (8. 5)	A6. 1	S(Y7)9139	
Dec-60	专线4228	专线4229、专线4230、CZ543、交渡7650、交渡7655、专线(02)7648-1、专线(02)7649-1、SC709	J1 J2	160 75	ZY(J)4		Y(J)1+ZY4 SH5	Y(J)1+ZY4 SH5	200 94	1. 8 4. 2	X2281. 440. 00 X2284. 440. 00		11. 5 (7. 5)	B2. 0 A4. 6	S0204	

续上表

道岔类别	道岔图号	同类道岔	牵引点	道岔动程(mm)	配套转辙机	全主机	转辙机型号	转辙机物料编号	转辙机动程(mm)	转辙机转换力(kN)	机内用锁闭杆(表示杆)	配线	转换时间直流(交流)	胶管总成	安装装置图号	外锁图号
Dec-60	SC330	CZ560、交渡 SC340、交渡 SC341、交渡 SC342、交渡 SC343、交渡 CZ569	J1 J2	180 75	ZY(J)4		Y(J)1+ZY4 SH5	Y(J)1+ZY4 SH5	200 94	1.8 4.2	X2281.440.00 X2284.440.00		11.5 (7.5)	B2.0 A4.6	S0205	
Dec-60	专线 4190	CZ525、专线 4191、专线 4201、 专线 4220、专线 4128	J1 J2	180 80	ZY(J)4		Y(J)1+ZY4 SH5	Y(J)1+ZY4 SH5	200 94	1.8 4.2	X2281.440.00 X2284.440.00		11.5 (7.5)	B2.0 A4.6	S9139	
Dec-60	SC330	CZ560、交渡 SC340、交渡 SC341、交渡 SC342、交渡 SC343、交渡 CZ569	J1 J2	180 75	ZY(J)7	全主机	ZY(J)7-F ZY(J)7-U1	ZY(J)7-F/NS2+145-195 ZY(J)7-U1/NB2+50-100	200 140	2.5 4.2	X2281.543.00NX X2284.510.00A	均为 ZYJ7-DY-1	7.5 (5.5)		S1319B	
Dec-60	铁研线 1115		J1 J2	160 80	ZY(J)7		ZY(J)7 SH6-E	ZY(J)7/S1+160 SH6-E/B1+80	220 150	2.5 4.2	X2281.544.00F X2284.511.00F	ZYJ7-DY-3	14.5 (10.0)	A6.1	S(15) 1205	S(15) 1204
Dec-60	研线 1016		J1 J2 Y1 Y2 X1	160 82 108 171 120	ZY(J)7		ZY(J)7 SH6-E SH6-N ZY(J)7-E SH6-P	ZY(J)7/S1+160 SH6-E/B1+80 SH6-N/S1+90-140 ZY(J)7-E/1 SH6-P/NS1+80-130	220 150 170 220 150	2.5 4.2 2.5 2.5 4.2	X2281.544.00F X2284.511.00F X2281.545.00HTY X2281.545.00HTX	尖 ZYJ7-DY-3 翼轨和心轨 ZYJ7-DY-5	尖 14.5 (10.0) 翼+心 19.5 (13.5)	A6.1 A3.8 G8.0	S1024Z	S1024W
Dec-60	专线 4274		J1 J2 X1 X2	160 80 113 62	ZY(J)7		ZY(J)7 SH6-J ZY(J)7-A SH6-J1	ZY(J)7/S1+160 SH6-J/B1+80 ZY(J)7-A/S1+90-140 SH6-J1/1	220 140 220 140	2.5 4.2 2.5 4.2	X2281.544.00F X2284.511.00F X2281.545.00X	尖 ZYJ7-DY-3 心 ZYJ7-DY-3	尖 13.5 (9.5) 心 13.5 (9.5)	A6.7 A4.3	S2005	S2004A

续上表

道岔类别	道岔图号	同类道岔	牵引点	道岔动程（mm）	配套转辙机	全主机	转辙机型号	转辙机物料编号	转辙机动程（mm）	转辙机转换力（kN）	机内用锁闭杆（表示杆）	配线	转换时间直流（交流）	胶管总成	安装装置图号	外锁图号
Dec-60	客专线（10）017	CZ3503	J1 J2 X1 X2	160 82 123 57	ZY（J）7		ZY（J）7 SH6-E ZY（J）7-A SH6-E1	ZY（J）7/S1+160 SH6-E/B2+80 ZY（J）7-A/S1+90-140 SH6-E1/1	220 150 220 150	2.5 4.2 2.5 4.2	X2281.544.00F X2284.511.00F X2281.545.00X	尖 ZYJ7-DY-10 心 ZYJ7-DY-3	尖 14.5（10.0） 心 14.5（10.0）	A6.7 A4.3	客专线（10）021A 客专线（10）021AZ	客专线（10）021W 客专线（10）021WZ
Dec-60	客专线（10）018		J1 J2 X1 X2	160 82 123 57	ZY（J）7		ZY（J）7 SH6-E ZY（J）7-A SH6-E1	ZY（J）7/S1+160 SH6-E/B2+80 ZY（J）7-A/S1+90-140 SH6-E1/1	220 150 220 150	2.5 4.2 2.5 4.2	X2281.544.00F X2284.511.00F X2281.545.00X	尖 ZYJ7-DY-10 心 ZYJ7-DY-3	尖 14.5（10.0） 心 14.5（10.0）	A6.7 A4.3	客专线（10）021A1 客专线（10）021A1Z	客专线（10）021W 客专线（10）021WZ
Dec-60	研线0701		J1 J2 X1 X2	160 82 115.3 66.4	ZY（J）7		ZY（J）7 SH6-E ZY（J）7-A SH6-E1	ZY（J）7/S1+160 SH6-E/B2+80 ZY（J）7-A/S1+90-140 SH6-E1/1	220 150 220 150	2.5 4.2 2.5 4.2	X2281.544.00F X2284.511.00F X2281.545.00X	尖 ZYJ7-DY-10 心 ZYJ7-DY-3	尖 14.5（10.0） 心 14.5（10.0）	A6.1 A3.8	S0840	S0839
Dec-60	研线1505		J1 J2 X1 X2	160 78.9 122.9 75.9	ZY（J）7		ZY（J）7 SH6-E ZY（J）7-A SH6-E1	ZY（J）7/S1+160 SH6-E/B2+80 ZY（J）7-A/S1+90-140 SH6-E1/1	220 150 220 150	2.5 4.2 2.5 4.2	X2281.544.00F X2284.511.00F X2281.545.00X	尖 ZYJ7-DY-10 心 ZYJ7-DY-3	尖 14.5（10.0） 心 14.5（10.0）	A6.1 A3.8	S1502	S1501
Dec-60	客专线（10）017	CZ3503	J1 J2 X1 X2	160 82 123 57	ZY（J）7	全主机	ZY（J）7 ZY（J）7-R ZY（J）7-A ZY（J）7-R1	ZY（J）7/S3+160 ZY（J）7-R/B2+80 ZY（J）7-A/S2+90-140 ZY（J）7-R1/2	220 150 220 150	2.5 4.2 2.5 4.2	X2281.544.00F X2284.511.00F X2281.545.00X	尖 1 ZYJ7-DY-9 其余各点 ZYJ7-DY-1	7.5（5.5）		客专线（10）021AQ 客专线（10）021AQZ	客专线（10）021W 客专线（10）021WZ

续上表

道岔类别	道岔图号	同类道岔	牵引点	道岔动程(mm)	配套转辙机	全主机	转辙机型号	转辙机物料编号	转辙机动程(mm)	转辙机转换力(kN)	机内用锁闭杆(表示杆)	配线	转换时间直流(交流)	胶管总成	安装装置图号	外锁图号
Dec-60	客专线(10)018		J1 J2 X1 X2	160 82 123 57	ZY(J)7	全主机	ZY(J)7 ZY(J)7-R ZY(J)7-A ZY(J)7-R1	ZY(J)7/S3+160 ZY(J)7-R/B2+80 ZY(J)7-A/S2+90-140 ZY(J)7-R1/2	220 150 220 150	2.5 4.2 2.5 4.2	X2281.544.00F X2284.511.00F X2281.545.00X	尖1 ZYJ7-DY-9 其余各点 ZYJ7-DY-1	7.5 (5.5)		客专线(10)021A1Q 客专线(10)021A1QZ	客专线(10)021W 客专线(10)021WZ
Dec-60	尖铁联线005	铁联线006、交渡铁联线020、交渡铁联线021、交渡铁联线026、交渡铁联线030、交渡铁联线034	J1 J2	160 75	ZY(J)7		ZY(J)7 SH6-J	ZY(J)7/S1+160 SH6-J/B1+75	220 140	2.5 4.2	X2281.544.00F X2284.513.00F	ZYJ7-DY-3	13.5 (9.5)	A6.7	S9825A S(12) 9825	S9823A S(12) 9823
Dec-60	专线4249	专线4250、专线4251、专线4252、专线4253、专线4254、专线4255、专线4256、CZ545、交渡专线7623、交渡专线交渡专线7628、交渡专线7632、交渡专线7636、交渡CZ604、交渡CZ2684	J1 J2	160 75	ZY(J)7		ZY(J)7 SH6-J	ZY(J)7/S1+160 SH6-J/B1+75	220 140	2.5 4.2	X2281.544.00F X2284.513.00F	ZYJ7-DY-3	13.5 (9.5)	A5.5	S9913 S(14) 9913	S9911 S(12) 9911 (S1529)
Dec-60	CZ2711		J1 J2	160 75	ZY(J)7		ZY(J)7 SH6-J	ZY(J)7/S1+160 SH6-J/B1+75	220 140	2.5 4.2	X2281.544.00F X2284.513.00F	ZYJ7-DY-3	13.5 (9.5)	A5.5	S(10) 9913	S(10) 9911

续上表

道岔类别	道岔图号	同类道岔	牵引点	道岔动程(mm)	配套转辙机	全主机	转辙机型号	转辙机物料编号	转辙机动程(mm)	转辙机转换力(kN)	机内用锁闭杆(表示杆)	配线	转换时间直流(交流)	胶管总成	安装装置图号	外锁图号
Dec-60	专线4228	专线 4229、专线 4230、CZ543、交渡 7650、交渡7655、专线(02)7648-1、专线(02)7649-1、SC709	J1 J2	160 75	ZY(J)7		ZY(J)7 SH6-J	ZY(J)7/S1+160 SH6-J/B1+75	220 140	2.5 4.2	X2281.544.00F X2284.513.00F	ZYJ7-DY-3	13.5 (9.5)	A5.5	通号9161 通号(13)9161	通号9159 通号(13)9159
Dec-60	CZ2710		J1 J2	160 75	ZY(J)7		ZY(J)7 SH6-J	ZY(J)7/S1+160 SH6-J/B1+75	220 140	2.5 4.2	X2281.544.00F X2284.513.00F	ZYJ7-DY-3	13.5 (9.5)	A5.5	S(10)9913	通号(10)9159
Dec-60	SC330	CZ560、交渡SC340、交渡SC341、交渡SC342、交渡SC343、交渡CZ569	J1 J2	160 75	ZY(J)7		ZY(J)7 SH6-J	ZY(J)7/S1+160 SH6-J/B1+75	220 140	2.5 4.2	X2281.544.00F X2284.513.00F	ZYJ7-DY-3	13.5 (9.5)	A6.1	S0227 S(12)0227	S0226 S(14)0226
Dec-60	尖铁联线005	铁联线 006、交渡铁联线 021、交渡铁联线 026、交渡铁联线 030、交渡铁联线 034	J1 J2	160 75	ZY(J)7	全主机	ZY(J)7 ZY(J)7-R	ZY(J)7/S2+160 ZY(J)7-R/B2+75	220 150	2.5 4.2	X2281.544.00F X2284.513.00F	均为ZYJ7-DY-1	7.5 (5.5)		S1512	S1511

续上表

道岔类别	道岔图号	同类道岔	牵引点	道岔动程(mm)	配套转辙机	全主机	转辙机型号	转辙机物料编号	转辙机动程(mm)	转辙机转换力(kN)	机内用锁闭杆(表示杆)	配线	转换时间直流(交流)	胶管总成	安装装置图号	外锁图号
Dec-60	专线4249	专线4250、专线4251、专线4252、专线4253、专线4254、专线4255、专线4256、CZ545、交渡专线7623、交渡专线交渡专线7628、交渡专线7632、交渡专线7636、交渡CZ604、交渡CZ2684	J1 J2	160 75	ZY(J)7	全主机	ZY(J)7 ZY(J)7-R	ZY(J)7/S2+160 ZY(J)7-R/B2+75	220 150	2. 5 4. 2	X2281. 544. 00F X2284. 513. 00F	均为ZYJ7-DY-1	7. 5 (5. 5)		S1024 S(14) 1024	S1025 S(14) 1025 (S1602)
Dec-60	专线4228	专线4229、专线4230、CZ543、交渡7650、交渡7655、专线(02)7648-1、专线(02)7649-1、SC709	J1 J2	160 75	ZY(J)7	全主机	ZY(J)7 ZY(J)7-R	ZY(J)7/S2+160 ZY(J)7-R/B2+75	220 150	2. 5 4. 2	X2281. 544. 00F X2284. 513. 00F	均为ZYJ7-DY-1	7. 5 (5. 5)		S1024 S(14) 1024	通号(13) 9159WH (S1601)
Dec-60	专线4307		J1 J2	160 75	ZY(J)7		ZY(J)7 SH6-E	ZY(J)7/S1+160 SH6-E/B1+75	220 150	2. 5 4. 2	X2281. 544. 00F X2284. 513. 00F	ZYJ7-DY-3	14. 5 (10. 0)	A5. 5	S(13) 1132	S(13) 1131
Dec-60	CZ2709		J1 J2 X1 X2	160 91 122. 9 75. 9	ZY(J)7		ZY(J)7 SH6-E ZY(J)7-A SH6-E1	ZY(J)7/S1+160 SH6-E/B2+88 ZY(J)7-A/S1+90-140 SH6-E1/1	220 150 220 150	2. 5 4. 2 2. 5 4. 2	X2281. 544. 00F X2284. 591. 00 X2281. 545. 00X	尖ZYJ7-DY-10 心ZYJ7-DY-3	尖14. 5 (10. 0) 心14. 5 (10. 0)	A6. 1 A3. 8	S0819W	S0816 S(13) 0816

续上表

道岔类别	道岔图号	同类道岔	牵引点	道岔动程(mm)	配套转辙机	全主机	转辙机型号	转辙机物料编号	转辙机动程(mm)	转辙机转换力(kN)	机内用锁闭杆(表示杆)	配线	转换时间直流(交流)	胶管总成	安装装置图号	外锁图号
Dec-60	GLC(08)01	交渡 CZ2726	J1 J2 X1 X2	160 91 122.9 75.9	ZY(J)7	全主机	ZY(J)7 ZY(J)7-R ZY(J)7-A ZY(J)7-R1	ZY(J)7/S3+160 ZY(J)7-R/B2+88 ZY(J)7-A/S2+90-140 ZY(J)7-R1/2	220 150 220 150	2.5 4.2 2.5 4.2	X2281.544.00F X2284.591.00 X2281.545.00X	尖 1 ZYJ7-DY-9 其余各点 ZYJ7-DY-1	7.5 (5.5)		S1036 S(14) 1036	S0816 S(13) 0816
Dec-60	SYC0501		J1 J2 J3 X1 X2	160 111 55 125.4 77.5	ZY(J)7		ZY(J)7 SH6-B SH6-E1 ZY(J)7-A SH6-E1	ZY(J)7/S1+160 SH6-B/B2+111 SH6-E1/2 ZY(J)7-A/S1+90-140 SH6-E1/1	220 170 150 220 150	2.5 2.5 4.2 2.5 4.2	X2281.544.00F X2284.592.00 X2281.545.00X	尖 ZYJ7-DY-11 心 ZYJ7-DY-3	尖 19.5 (13.5) 心 14.5 (10.0)	G4.3 A4.95 A3.8	S0517 S(16) 0517	S0516 S(16) 0516
Dec-60	SC(10)325		J1 J2 J3 X1 X2	160 114 55 78.5 45	ZY(J)7		ZY(J)7 SH6-B SH6-E1 ZY(J)7-A1 SH6-E1	ZY(J)7/S1+160 SH6-B/B1+117 SH6-E1/1 ZY(J)7-A1/S1+50-100 SH6-E1/1	220 170 150 220 150	2.5 2.5 4.2 2.5 4.2	X2281.544.00F X2284.590.00 X2281.546.00X	尖 ZYJ7-DY-5 心 ZYJ7-DY-3	尖 19.5 (13.5) 心 14.5 (10.0)	G4.3 A4.95 A3.8	S0106A 心轨为 S0106S	S0105ZG 心轨为 S(10) 0321
Dec-60	研线 1017		J1 J2 Y1 Y2 X1	160 90 115 182 120	ZY(J)7		ZY(J)7 SH6-E SH6-N ZY(J)7-E SH6-P	ZY(J)7/S1+160 SH6-E/B1+88 SH6-N/S1+90-140 ZY(J)7-E/1 SH6-P/NS1+80-130	220 150 170 220 150	2.5 4.2 2.5 2.5 4.2	X2281.544.00F X2284.591.00 X2281.545.00HTY X2281.545.00HTX	尖 ZYJ7-DY-3 翼轨和 心轨 ZYJ7-DY-5	尖 14.5 (10.0) 翼+心 19.5 (13.5)	A6.1 A3.8 G8.0	S1028Z	S1028
Dec-60	+GLC (06)01	CZ2612、交渡 SC615、交渡 SC619	J1 J2 X1 X2	160 91 122.9 75.9	ZY(J)7		ZY(J)7 SH6-E ZY(J)7-A SH6-E1	ZY(J)7/S1+160 SH6-E/B2+88 ZY(J)7-A/S1+90-140 SH6-E1/1	220 150 220 150	2.5 4.2 2.5 4.2	X2281.544.00F X2284.591.00 X2281.545.00X	尖 ZYJ7-DY-10 心 ZYJ7-DY-3	尖 14.5 (10.0) 心 14.5 (10.0)	A6.1 A3.8	S0619 S(12) 0619	S0616 S(12) 0616
Dec-60	铁联线 009	铁联线 010	X1 X2	117 70	ZY(J)7		ZY(J)7-A SH6-J1	ZY(J)7-A/S1+90-140 SH6-J1/1	220 140	2.5 4.2	X2281.545.00X	ZYJ7-DY-3	13.5 (9.5)	A4.95	TS12B	TS12A

续上表

道岔类别	道岔图号	同类道岔	牵引点	道岔动程(mm)	配套转辙机	全主机	转辙机型号	转辙机物料编号	转辙机动程(mm)	转辙机转换力(kN)	机内用锁闭杆(表示杆)	配线	转换时间直流(交流)	胶管总成	安装装置图号	外锁图号
Dec-60	研线 0712		J1 J2 Y1 Y2 X1	160 75 108 171 115	ZY(J)7		ZY(J)7 SH6-E SH6-N ZY(J)7-E SH6-P	ZY(J)7/S1+160 SH6-E/B1+75 SH6-N/S1+90-140 ZY(J)7-E/1 SH6-P/NS1+80-130	220 150 170 220 150	2. 5 4. 2 2. 5 2. 5 4. 2	X2281. 544. 00F X2284. 513. 00F X2281. 545. 00HTY X2281. 545. 00HTX	尖 ZYJ7- DY-3 翼轨和 心轨 ZYJ7- DY-5	尖 14. 5 (10. 0) 翼+心 19. 5 (13. 5)	A6. 1 A3. 8 G8. 0	S0850Z	S0850
Dec-60	CZ2516		J1 J2 X1 X2	160 75 132 69	ZY(J)7	全主机	ZY(J)7 ZY(J)7-R ZY(J)7-A3 ZY(J)7-R1	ZY(J)7/S3+160 ZY(J)7-R/B2+75 ZY(J)7-A3/S2+120-170 ZY(J)7-R1/2	220 150 220 150	2. 5 4. 2 2. 5 4. 2	X2281. 544. 00F X2284. 513. 00F X2281. 544. 00X	尖 1ZYJ7- DY-9 其余各点 ZYJ7-DY-1	7. 5 (5. 5)		S0343A S(17) 0343A	S0341ZG 优化型: S(17) 0341
Dec-60	CZ2516		J1 J2 X1 X2	160 75 132 69	ZY(J)7		ZY(J)7 SH6-E ZY(J)7-A3 SH6-E1	ZY(J)7/S1+160 SH6-E/B2+75 ZY(J)7-A3/S1+120-170 SH6-E1/1	220 150 220 150	2. 5 4. 2 2. 5 4. 2	X2281. 544. 00F X2284. 513. 00F X2281. 544. 00X	尖 ZYJ7- DY-10 心 ZYJ7- DY-3	尖 14. 5 (10. 0) 心 14. 5 (10. 0)	A6. 1 A4. 3	S0343 S(16) 0343	S0341ZG 优化型: S(17) 0341
Dec-60	STB-GJ- 030505		J1 J2	160 70	ZY(J)7		ZY(J)7-1 SH6-J	ZY(J)7-1/ST1+160 SH6-J/BT1+69	220 140	2. 5 4. 2	X2281. 544. 00F X2284. 514. 00F	ZYJ7-DY-3	7. 0	A6. 7	S0791P S(21) 0791A	S0791W S(21) 0791W
Dec-60	03300-S-G D-03-200		J1 J2	160 70	ZY(J)7		ZY(J)7 SH6-J	ZY(J)7/S1+160 SH6-J/B1+69	220 140	2. 5 4. 2	X2281. 544. 00F X2284. 514. 00F	ZYJ7-DY-3	13. 5 (9. 5)	A6. 7	DTA03 DTAZ03	DTW03 DTWZ03
Dec-60	CZ3566		J1 J2	160 70	ZY(J)7		ZY(J)7 SH6-J	ZY(J)7/S1+160 SH6-J/B1+69	220 140	2. 5 4. 2	X2281. 544. 00F X2284. 514. 00F	ZYJ7-DY-3	13. 5 (9. 5)	A6. 7	S1486A	S1485W
Dec-60	SC325	CZ559A	J1 J2 J3 X1 X2	160 114 55 101 58	ZY(J)7		ZY(J)7 SH6-B SH6-E1 ZY(J)7-A SH6-E1	ZY(J)7/S1+160 SH6-B/B1+117 SH6-E1/1 ZY(J)7-A/S1+90-140 SH6-E1/1	220 170 150 220 150	2. 5 2. 5 4. 2 2. 5 4. 2	X2281. 544. 00F X2284. 590. 00 X2281. 545. 00X	尖 ZYJ7- DY-5 心 ZYJ7- DY-3	尖 19. 5 (13. 5) 心 14. 5 (10. 0)	G4. 3 A4. 95 A3. 8	S0106A S(11) 0106	S0105ZG S(11) 0105
Dec-60	STB-GJ- 030505		J1 J2	160 70	ZY(J)7		YJ4+ZYG7 SHG6	YJ4+ZYG7/ST1+160 SHG6/BT1+70	220 140	2. 5 4. 2	X2281. GS. 0. 4A X2284. GS. 0. 4B	ZYJ7-GZ-02	7. 0	J1. 7+ J3. 08 J6. 95+ J8. 25	S0790 S(17) 0790A	S0790W S(17) 0790

续上表

道岔类别	道岔图号	同类道岔	牵引点	道岔动程（mm）	配套转辙机	全主机	转辙机型号	转辙机物料编号	转辙机动程（mm）	转辙机转换力（kN）	机内用锁闭杆（表示杆）	配线	转换时间直流（交流）	胶管总成	安装装置图号	外锁图号
Dec-60	研线 0815-100		J1 J2	160 80	ZY(J)7		ZY(J)7 SH6-E	ZY(J)7/S1+160 SH6-E/B1+80	220 140	2.5 4.2	X2281.544.00F X2284.511.00F	ZYJ7-DY-3	14.5 (10.0)	A5.5	S(08) 9825	S(08) 9823
Dec-60	GLC (06)01	CZ2612、交渡SC615、交渡SC619	J1 J2 X1 X2	160 91 122.9 75.9	ZY(J)7	全主机	ZY(J)7 ZY(J)7-R ZY(J)7-A ZY(J)7-R1	ZY(J)7/S3+160 ZY(J)7-R/B2+88 ZY(J)7-A/S2+90-140 ZY(J)7-R1/2	220 150 220 150	2.5 4.2 2.5 4.2	X2281.544.00F X2284.591.00 X2281.545.00X	尖1 ZYJ7-DY-9 其余各点 ZYJ7-DY-1	7.5 (5.5)		S1035	S0616 S(12) 0616
Dec-60	专线 9768-Ⅳ		J1 J2	160 70	ZY(J)7		ZY(J)7 SH6-J	ZY(J)7/S1+160 SH6-J/B1+69	220 140	2.5 4.2	X2281.544.00F X2284.514.00F	ZYJ7-DY-3	13.5 (9.5)	A6.7	14400-S-XH-22A	S1485W
Dec-60	SYC0501		J1 J2 J3 X1 X2	160 111 55 125.4 77.5	ZY(J)7	全主机	ZY(J)7 ZY(J)7-M ZY(J)7-R1 ZY(J)7-A ZY(J)7-R1	ZY(J)7/S3+160 ZY(J)7-M/B3+111 ZY(J)7-R1/2 ZY(J)7-A/S2+90-140 ZY(J)7-R1/2	220 170 150 220 150	2.5 3.5 4.2 2.5 4.2	X2281.544.00F X2284.592.00 X2281.545.00X	尖1、2为 ZYJ7-DY-9 其余ZYJ7-DY-1	7.5 (5.5)		S0517 S(16) 0517Q	S0516 S(16) 0516
Dec-60	SC330	CZ560、交渡SC340、交渡SC341、交渡SC342、交渡SC343、交渡CZ569	J1 J2	160 75	ZY(J)7	全主机	ZY(J)7 ZY(J)7-R	ZY(J)7/S2+160 ZY(J)7-R/B2+75	220 150	2.5 4.2	X2281.544.00F X2284.513.00F	均为 ZYJ7-DY-1	7.5 (5.5)		S(12) 0227Q	S(14) 0226Q
Dec-60	09300-S-GD-03-200	专线9768-Ⅳ	J1 J2	160 70	ZY(J)7		ZY(J)7 SH6-J	ZY(J)7/S1+160 SH6-J/B1+69	220 140	2.5 4.2	X2281.544.00F X2284.514.00F	ZYJ7-DY-3	13.5 (9.5)	A6.7	09400-S-XH-00-02A (7E600-S-XH-0402)	S1485W (7E600-S-XH-0402)
Dec-60	SC887		J1 J2	160 75	ZY(J)7		ZY(J)7 SH6-E	ZY(J)7/S1+160 SH6-E/B1+75	220 150	2.5 4.2	X2281.544.00F X2284.513.00F	ZYJ7-DY-3	14.5 (10.0)	A4.95	S1907A	S1907W

续上表

道岔类别	道岔图号	同类道岔	牵引点	道岔动程(mm)	配套转辙机	全主机	转辙机型号	转辙机物料编号	转辙机动程(mm)	转辙机转换力(kN)	机内用锁闭杆(表示杆)	配线	转换时间直流(交流)	胶管总成	安装装置图号	外锁图号
Dec-60	专线 4249	专线 4250、专线 4251、专线 4252、专线 4253、专线 4254、专线 4255、专线 4256、CZ545、交渡专线 7623、交渡专线交渡专线 7628、交渡专线 7632、交渡专线 7636、交渡 CZ604、交渡 CZ2684	J1 J2	160 75	ZY(J)9		YJ7(M)+ ZY9(M) ZY9(M)-J	ZY9(M)/S1+160 ZY9(M)-J/B1+75	220 150	2.5 4.2	X2281.744.00L(R) X2284.713.00L(R)		(9.5)	A2.0+ A5.5 A6.7	S1730	S(GL) 1025 S(14) 1025
Dec-60	客专线(10)018		J1 J2 X1 X2	160 82 123 57	ZY(J)9		YJ7(M)+ ZY9(M) ZY9(M)-J YJ7(M)+ ZY9(M)-A ZY9(M)-J1	ZY9(M)/S1+160 ZY9(M)-J/B2+80 ZY9(M)-A/S1+90-140 ZY9(M)-J1/1	220 150 220 150	2.5 4.2 2.5 4.2	X2281.744.00L(R) X2284.711.00L(R) X2281.753.00		尖(9.5) 心(9.5)	A2.0+ A6.7 A8.0 A2.0+ A4.3 A5.5	客专线(10) 021-XI	客专线(GL) 021
Dec-60	SC(GT) 330		J1 J2	160 75	ZY(J)7		ZY(J)7 SH6-J	ZY(J)7/S1+160 SH6-J/B1+75	220 140	2.5 4.2	X2281.544.00F X2284.513.00F	ZYJ7-DY-3	13.5 (9.5)	A6.1	S(GT) 0227	通号(13) 9159
Dec-60	专线 4228	专线 4229、专线 4230、CZ543、交渡 7650、交渡 7655、专线(02)7648-1、专线(02)7649-1、SC709	J1 J2	160 75	ZY(J)9		YJ7(M)+ ZY9(M) ZY9(M)-K	ZY9(M)/S1+160 ZY9(M)-K/B1+75	220 140	2.5 4.2	X2281.744.00L(R) X2284.713.00L(R)		(9.5)	A2.0+ A5.5 A6.7	S1731	通号(GL) 9159
Dec-60	GLC(08) 01	交渡 CZ2726	J1 J2 X1 X2	160 91 122.9 75.9	ZY(J)7		ZY(J)7 SH6-E ZY(J)7-A SH6-E1	ZY(J)7/S1+160 SH6-E/B2+88 ZY(J)7-A/S1+90-140 SH6-E1/1	220 150 220 150	2.5 4.2 2.5 4.2	X2281.544.00F X2284.591.00 X2281.545.00X	尖 ZYJ7-DY-10 心 ZYJ7-DY-3	尖 14.5 (10.0) 心 14.5 (10.0)	A6.1 A3.8	S0819 S(13) 0819	S0816 S(13) 0816

续上表

道岔类别	道岔图号	同类道岔	牵引点	道岔动程(mm)	配套转辙机	全主机	转辙机型号	转辙机物料编号	转辙机动程(mm)	转辙机转换力(kN)	机内用锁闭杆(表示杆)	配线	转换时间直流(交流)	胶管总成	安装装置图号	外锁图号
Dec-60	GLC(08)01	交渡 CZ2726	J1 J2 X1 X2	160 91 122.9 75.9	ZY(J)7(M)		ZY(J)7(M) SH6(M)-E ZY(J)7(M)-A SH6(M)-E1	ZY(J)7(M)/S1+160 SH6(M)-E/B2+88 ZY(J)7(M)-A/S1+90-140 SH6(M)-E1/1	220 150 220 150	2.5 4.2 2.5 4.2	X2281.744.00L(R) X2284.721.00L(R) X2281.753.00	尖 ZYJ7-DY-10 心 ZYJ7-DY-3	尖 14.5(10.0) 心 14.5(10.0)	A6.1 A3.8	S0819 S(13) 0819	S0816 S(13) 0816
Dec-60	专线 4249	专线 4250、专线 4251、专线 4252、专线 4253、专线 4254、专线 4255、专线 4256、CZ545、交渡专线 7623、交渡专线交渡专线 7628、交渡专线 7632、交渡专线 7636、交渡 CZ604、交渡 CZ2684	J1 J2	160 75	ZY(J)7(M)		ZY(J)7(M) SH6(M)-J	ZY(J)7(M)/S1+160 SH6(M)-J/B1+75	220 140	2.5 4.2	X2281.744.00L(R) X2284.713.00L(R)	ZYJ7-DY-3	13.5 (9.5)	A5.5	S9913 S(14) 9913	S9911 S(12) 9911 (S1529)
Dec-60	SC330	CZ560、交渡 SC340、交渡 SC341、交渡 SC342、交渡 SC343、交渡 CZ569	J1 J2	180 75	ZY(J)7(M)		ZY(J)7(M)-F SH6(M)-M1	ZY(J)7(M)-F/NS1+145-195 SH6(M)-M1/NB1+50-100	200 100	2.5 4.2	X2281.755.00 X2284.723.00	ZYJ7-DY-3	12.0 (8.5)	A6.1	S1021	
Dec-60	SG11N.000-GJ-03-204A		J1 J2	160 70	ZY(J)7		ZY(J)7-F SH6-M1	ZY(J)7-F/NS1+145-195 SH6-M1/NB1+50-100	200 100	2.5 4.2	X2281.543.00NX X2284.510.00A	ZYJ7-DY-3	12.0 (8.5)	A6.7	S21112	
Dec-60	TSY-10		J1 J2 X1 X2	160 91 122.9 75.9	ZY(J)7		ZY(J)7 SH6-E ZY(J)7-A SH6-E1	ZY(J)7/S1+160 SH6-E/B2+88 ZY(J)7-A/S1+90-140 SH6-E1/1	220 150 220 150	2.5 4.2 2.5 4.2	X2281.544.00F X2284.591.00 X2281.545.00X	尖 ZYJ7-DY-3 心 ZYJ7-DY-3	尖 14.5(10.0) 心 14.5(10.0)	A6.1 A3.8	S21143A	S21143W

续上表

道岔类别	道岔图号	同类道岔	牵引点	道岔动程(mm)	配套转辙机	全主机	转辙机型号	转辙机物料编号	转辙机动程(mm)	转辙机转换力(kN)	机内用锁闭杆(表示杆)	配线	转换时间直流(交流)	胶管总成	安装装置图号	外锁图号
Dec-60	SC330	CZ560、交渡SC340、交渡SC341、交渡SC342、交渡SC343、交渡CZ569	J1 J2	180 75	ZY(J)7(M)		ZY(J)7(M)-F ZY(J)7(M)-U1	ZY(J)7(M)-F/NS2+145-195 ZY(J)7(M)-U1/NB2+50-100	200 140	2.5 4.2	X2281.755.00 X2284.723.00	均为ZYJ7-DY-1	7.5 (5.5)		S1319B	
Dec-60	C9D21		J1	80	ZY(J)7		ZY(J)7-X2	ZY(J)7-X2/NS2+80	100	4.2	X2281.547.00CX	ZYJ7-DY-1	7.5 (5.5)		S1971	
Dec-60	C9D21		J1	80	ZY(J)7		ZY(J)7-X2	ZY(J)7-X2/NS2+80	100	4.2	X2281.547.00CX	ZYJ7-DY-1	7.5 (5.5)		S1971	
Dec-60	研线1505		J1 J2 X1 X2	160 78.9 122.9 75.9	ZY(J)7	全主机	ZY(J)7 ZY(J)7-R ZY(J)7-A ZY(J)7-R1	ZY(J)7/S3+160 ZY(J)7-R/B2+80 ZY(J)7-A/S2+90-140 ZY(J)7-R1/2	220 150 220 150	2.5 4.2 2.5 4.2	X2281.544.00F X2284.511.00F X2281.545.00X	尖1 ZYJ7-DY-9 其余各点 ZYJ7-DY-1	7.5 (5.5)		S2268	S1501
Dec-60	GDJTZYX-S-GD-01-03-01-100		J1 J2	160 80	ZY(J)7		ZY(J)7 SH6-J	ZY(J)7/S1+160 SH6-J/B1+80	220 140	2.5 4.2	X2281.544.00F X2284.511.00F	ZYJ7-DY-3	13.5 (9.5)	A6.1		
Dec-60	研线16122		J1 J2	160 90	ZY(J)7	全主机	ZY(J)7 ZY(J)7-R	ZY(J)7/S2+160 ZY(J)7-R/B2+88	220 150	2.5 4.2	X2281.544.00F X2284.591.00	均为ZYJ7-DY-1	7.5 (5.5)			S2304
Dec-60	专线4228	专线4229、专线4230、CZ543、交渡7650、交渡7655、专线(02)7648-1、专线(02)7649-1、SC709	J1 J2	160 75	ZY(J)7		ZY(J)7-A2 SH6-E2	ZY(J)7-A2/NS1+145-195 SH6-E2/NB1+50-100	220 150	2.5 4.2	X2281.543.00NX X2284.510.00A	ZYJ7-DY-3	14.5 (10.0)	A5.5	S9161B	
Dec-60	SC330	CZ560、交渡SC340、交渡SC341、交渡SC342、交渡SC343、交渡CZ569	J1 J2	180 75	ZY(J)7	全主机	ZY(J)7-F ZY(J)7-X	ZY(J)7-F/NS2+145-195 ZY(J)7-X/NB2+50-100	200 100	2.5 4.2	X2281.543.00NX X2284.510.00A	均为ZYJ7-DY-1	7.5 (5.5)		S1319	

续上表

道岔类别	道岔图号	同类道岔	牵引点	道岔动程(mm)	配套转辙机	全主机	转辙机型号	转辙机物料编号	转辙机动程(mm)	转辙机转换力(kN)	机内用锁闭杆(表示杆)	配线	转换时间直流(交流)	胶管总成	安装装置图号	外锁图号
60/15	TKZ-37		J1	160	ZY(J)7		ZY(J)7	ZY(J)7/S1+160	220	2.5		尖 ZYJ7-DY-11 心 ZYJ7-DY-3	尖 19.5(13.5) 心 14.5(10.0)	G5.5 A5.5 A4.95	S2067	S2066
			J2	116			SH6-B	SH6-B/B1+117	170	2.5	X2281.544.00F					
			J3	72			SH6-E1	SH6-E1/2	150	4.2	X2284.590.00					
			X1	114			ZY(J)7-A	ZY(J)7-A/S1+90-140	220	2.5	X2281.545.00X					
			X2	57			SH6-E1	SH6-E1/1	150	4.2						
60/18	GLC(09)04		J1	160	ZY(J)7		ZY(J)7	ZY(J)7/S1+160	220	2.5		尖 ZYJ7-DY-11 心 ZYJ7-DY-3	尖 19.5(13.5) 心 14.5(10.0)	G5.5 A5.5 A4.95	S0909 S(15) 0909	S0906 S(15) 0906
			J2	110			SH6-B	SH6-B/B1+111	170	2.5	X2281.544.00F					
			J3	60			SH6-E1	SH6-E1/2	150	4.2	X2284.592.00					
			X1	103.7			ZY(J)7-A	ZY(J)7-A/S1+90-140	220	2.5	X2281.545.00X					
			X2	56.8			SH6-E1	SH6-E1/1	150	4.2						
60/18	GLC(07)04	CZ2620	J1	160	ZY(J)7	全主机	ZY(J)7	ZY(J)7/S3+160	220	2.5		尖1、2为 ZYJ7-DY-9 其余 ZYJ7-DY-1	7.5(5.5)		S1040 S(17) 1040	S0706 S(13) 0706
			J2	110			ZY(J)7-M	ZY(J)7-M/B3+111	170	3.5	X2281.544.00F					
			J3	60			ZY(J)7-R1	ZY(J)7-R1/2	150	4.2	X2284.592.00					
			X1	103.7			ZY(J)7-A	ZY(J)7-A/S2+90-140	220	2.5	X2281.545.00X					
			X2	56.8			ZY(J)7-R1	ZY(J)7-R1/2	150	4.2						
60/18	CZ2537		J1	160	ZY(J)7		ZY(J)7	ZY(J)7/S1+160	220	2.5		尖 ZYJ7-DY-5 心 ZYJ7-DY-3	尖 19.5(13.5) 心 14.5(10.0)	G5.5 A4.95 A4.95	S0425	S0417B S(15) 0417B
			J2	118			SH6-B	SH6-B/B1+117	170	2.5	X2281.544.00F					
			J3	75			SH6-E1	SH6-E1/1	150	4.2	X2284.590.00					
			X1	119			ZY(J)7-A	ZY(J)7-A/S1+90-140	220	2.5	X2281.545.00X					
			X2	71			SH6-E1	SH6-E1/1	150	4.2						
60/18	CZ2537		J1	160	ZY(J)7	全主机	ZY(J)7	ZY(J)7/S2+160	220	2.5	X2281.544.00F	各点均为 ZYJ7-DY-1	7.5(5.5)		S0420	S0417 S(15) 0417
			J2	118			ZY(J)7-D	ZY(J)7-D/B2+117	220	2.5						
			J3	75			ZY(J)7-R1	ZY(J)7-R1/2	150	4.2	X2284.590.00					
			X1	119			ZY(J)7-A	ZY(J)7-A/S2+90-140	220	2.5						
			X2	71			ZY(J)7-R1	ZY(J)7-R1/2	150	4.2	X2281.545.00X					
60/18	研线 1302		J1	160	ZY(J)7		ZY(J)7	ZY(J)7/S1+160	220	2.5	X2281.544.00F	ZYJ7-DY-11	19.5(13.5)	G6.1 A6.1	S1414	S1413
			J2	115			SH6-B	SH6-B/B1+117	170	2.5						
			J3	69			SH6-E1	SH6-E1/2	150	4.2	X2284.590.00					

续上表

道岔类别	道岔图号	同类道岔	牵引点	道岔动程(mm)	配套转辙机	全主机	转辙机型号	转辙机物料编号	转辙机动程(mm)	转辙机转换力(kN)	机内用锁闭杆(表示杆)	配线	转换时间直流(交流)	胶管总成	安装装置图号	外锁图号
60/18	专线 4245A	CZ547	J1 J2 J3 X1 X2	160 120 80 98 64	ZY(J)7		ZY(J)7 SH6-B SH6-E ZY(J)7-A SH6-E1	ZY(J)7/S1+160 SH6-B/B1+122 SH6-E/B1+80 ZY(J)7-A/S1+90-140 SH6-E1/1	220 170 150 220 150	2.5 2.5 4.2 2.5 4.2	X2281.544.00F X2284.515.00F X2284.511.00F X2281.545.00X	尖 ZYJ7-DY-5 心 ZYJ7-DY-3	尖 19.5 (13.5) 心 14.5 (10.0)	G6.1 A6.7 A4.3	S9926 S(13) 9926	S9924ZG S(13) 9924
60/18	专线 4223A	专线 4224A、专线 4225A、CZ2506	J1 J2 J3 X1 X2	160 122 69 98 56	ZY(J)7		ZY(J)7 SH6-B SH6-M ZY(J)7-A SH6-J1	ZY(J)7/S1+160 SH6-B/B1+122 SH6-M/B1+69 ZY(J)7-A/S1+90-140 SH6-J1/1	220 170 100 220 140	2.5 2.5 4.2 2.5 4.2	X2281.544.00F X2284.515.00F X2284.514.00F X2281.545.00X	尖 ZYJ7-DY-5 心 ZYJ7-DY-3	尖 17.5 (12.0) 心 13.5 (9.5)	G4.3 A5.5 A4.95	S(01) 9909 S(12) 9909	S(01) 9907 S(12) 9907
60/18	专线 4223	专线 4224、专线 4225、CZ531	J1 J2 J3 X1 X2	160 122 69 98 56	ZY(J)7		ZY(J)7 SH6-B SH6-M ZY(J)7-A SH6-J1	ZY(J)7/S1+160 SH6-B/B1+122 SH6-M/B1+69 ZY(J)7-A/S1+90-140 SH6-J1/1	220 170 100 220 140	2.5 2.5 4.2 2.5 4.2	X2281.544.00F X2284.515.00F X2284.514.00F X2281.545.00X	尖 ZYJ7-DY-5 心 ZYJ7-DY-3	尖 17.5 (12.0) 心 13.5 (9.5)	G4.3 A5.5 A4.95	尖 S9909 心 TS18B S(13) 9909	尖 S9907B 心 TS18A S(13) 9907
60/18	专线 4223	专线 4224、专线 4225、CZ531	J1 J2 J3 X1 X2	160 122 69 98 56	ZY(J)7	全主机	ZY(J)7 ZY(J)7-M ZY(J)7-R ZY(J)7-A ZY(J)7-R1	ZY(J)7/S2+160 ZY(J)7-M/B2+117 ZY(J)7-R/B2+69 ZY(J)7-A/S2+90-140 ZY(J)7-R1/2	220 170 150 220 150	2.5 3.5 4.2 2.5 4.2	X2281.544.00F X2284.515.00F X2284.514.00F X2281.545.00X	各点均为 ZYJ7-DY-1	7.5 (5.5)		S1514	S1513
60/18	专线 4223A	专线 4224A、专线 4225A、CZ2506	J1 J2 J3 X1 X2	160 122 69 98 56	ZY(J)7	全主机	ZY(J)7 ZY(J)7-D ZY(J)7-R ZY(J)7-A ZY(J)7-R1	ZY(J)7/S2+160 ZY(J)7-D/B2+122 ZY(J)7-R/B2+69 ZY(J)7-A/S2+90-140 ZY(J)7-R1/2	220 220 150 220 150	2.5 2.5 4.2 2.5 4.2	X2281.544.00F X2284.515.00F X2284.514.00F X2281.545.00X	各点均为 ZYJ7-DY-1	7.5 (5.5)		SH18B	SH18A

续上表

道岔类别	道岔图号	同类道岔	牵引点	道岔动程(mm)	配套转辙机	全主机	转辙机型号	转辙机物料编号	转辙机动程(mm)	转辙机转换力(kN)	机内用锁闭杆(表示杆)	配线	转换时间直流(交流)	胶管总成	安装装置图号	外锁图号
60/18	SYC0502		J1 J2 J3 X1 X2	160 116 67 114.8 59.4	ZY(J)7		ZY(J)7 SH6-B SH6-E1 ZY(J)7-A SH6-E1	ZY(J)7/S1+160 SH6-B/B1+117 SH6-E1/2 ZY(J)7-A/S1+90-140 SH6-E1/1	220 170 150 220 150	2.5 2.5 4.2 2.5 4.2	X2281.544.00F X2284.590.00 X2281.545.00X	尖 ZYJ7-DY-11 心 ZYJ7-DY-3	尖 19.5(13.5) 心 14.5(10.0)	G6.1 A6.7 A5.5	S0524 S(16) 0524	S0521 S(16) 0521
60/18	GLC(07)02	CZ2640	J1 J2 J3 X1 X2	160 118 71 115 57	ZY(J)7		ZY(J)7 SH6-B SH6-E ZY(J)7-A SH6-E1	ZY(J)7/S1+160 SH6-B/B1+117 SH6-E/B2+72 ZY(J)7-A/S1+90-140 SH6-E1/1	220 170 150 220 150	2.5 2.5 4.2 2.5 4.2	X2281.544.00F X2284.590.00 X2284.519.00F X2281.545.00X	尖 ZYJ7-DY-11 心 ZYJ7-DY-3	尖 19.5(13.5) 心 14.5(10.0)	G6.1 A6.7 A4.95	S0714 S(13) 0714	S0711 S(13) 0711
60/18	GLC(07)02W		J1 J2 J3 X1 X2	160 118 71 115 57	ZY(J)7		ZY(J)7 SH6-B SH6-E ZY(J)7-A SH6-E1	ZY(J)7/S1+160 SH6-B/B1+117 SH6-E/B2+72 ZY(J)7-A/S1+90-140 SH6-E1/1	220 170 150 220 150	2.5 2.5 4.2 2.5 4.2	X2281.544.00F X2284.590.00 X2284.519.00F X2281.545.00X	尖 ZYJ7-DY-11 心 ZYJ7-DY-3	尖 19.5(13.5) 心 14.5(10.0)	G6.1 A6.7 A4.95	S0714W S(13) 0714W	S0711 S(13) 0711
60/18	GLC(07)03		J1 J2 J3 X1 X2	160 118 71 115 64	ZY(J)7		ZY(J)7 SH6-B SH6-E ZY(J)7-A SH6-E1	ZY(J)7/S1+160 SH6-B/B1+117 SH6-E/B2+72 ZY(J)7-A/S1+90-140 SH6-E1/1	220 170 150 220 150	2.5 2.5 4.2 2.5 4.2	X2281.544.00F X2284.590.00 X2284.519.00F X2281.545.00X	尖 ZYJ7-DY-11 心 ZYJ7-DY-3	尖 19.5(13.5) 心 14.5(10.0)	G5.5 A5.5 A4.95	S0719 S(14) 0719	S0716 S(14) 0716
60/18	客专线(05)001	客专线(06)001	J1 J2 J3 X1 X2	160 118 71 115 64	ZY(J)7		ZY(J)7 SH6-B SH6-E ZY(J)7-A SH6-E1	ZY(J)7/S1+160 SH6-B/B1+117 SH6-E/B2+72 ZY(J)7-A/S1+90-140 SH6-E1/1	220 170 150 220 150	2.5 2.5 4.2 2.5 4.2	X2281.544.00F X2284.590.00 X2284.519.00F X2281.545.00X	尖 ZYJ7-DY-11 心 ZYJ7-DY-3	尖 19.5(13.5) 心 14.5(10.0)	G6.1 A6.7 A4.95	客专线(05)003A 客专线(05)003AZ	客专线(05)003W 客专线(05)003WZ

续上表

道岔类别	道岔图号	同类道岔	牵引点	道岔动程(mm)	配套转辙机	全主机	转辙机型号	转辙机物料编号	转辙机动程(mm)	转辙机转换力(kN)	机内用锁闭杆(表示杆)	配线	转换时间直流(交流)	胶管总成	安装装置图号	外锁图号
60/18	客专线(05)004	客专线(06)004	J1 J2 J3 X1 X2	160 118 71 115 64	ZY(J)7		ZY(J)7 SH6-B SH6-E ZY(J)7-A SH6-E1	ZY(J)7/S1+160 SH6-B/B1+117 SH6-E/B2+72 ZY(J)7-A/S1+90-140 SH6-E1/1	220 170 150 220 150	2.5 2.5 4.2 2.5 4.2	X2281.544.00F X2284.590.00 X2284.519.00F X2281.545.00X	尖 ZYJ7-DY-11 心 ZYJ7-DY-3	尖 19.5(13.5) 心 14.5(10.0)	G6.1 A6.7 A4.95	客专线(05)003A1 客专线(05)003A1Z	客专线(05)003W 客专线(05)003WZ
60/18	客专线(07)001		J1 J2 J3 X1 X2	160 118 71 115 57	ZY(J)7		ZY(J)7 SH6-B SH6-E ZY(J)7-A SH6-E1	ZY(J)7/S1+160 SH6-B/B1+117 SH6-E/B2+72 ZY(J)7-A/S1+90-140 SH6-E1/1	220 170 150 220 150	2.5 2.5 4.2 2.5 4.2	X2281.544.00F X2284.590.00 X2284.519.00F X2281.545.00X	尖 ZYJ7-DY-11 心 ZYJ7-DY-3	尖 19.5(13.5) 心 14.5(10.0)	G6.1 A6.7 A4.95	客专线(07)010A 客专线(07)010AZ	客专线(07)003W 客专线(07)003WZ
60/18	客专线(07)004	CZ2602	J1 J2 J3 X1 X2	160 118 71 115 57	ZY(J)7		ZY(J)7 SH6-B SH6-E ZY(J)7-A SH6-E1	ZY(J)7/S1+160 SH6-B/B1+117 SH6-E/B2+72 ZY(J)7-A/S1+90-140 SH6-E1/1	220 170 150 220 150	2.5 2.5 4.2 2.5 4.2	X2281.544.00F X2284.590.00 X2284.519.00F X2281.545.00X	尖 ZYJ7-DY-11 心 ZYJ7-DY-3	尖 19.5(13.5) 心 14.5(10.0)	G6.1 A6.7 A4.95	客专线(07)010A1 客专线(07)010A1Z	客专线(07)003W 客专线(07)003WZ
60/18	客专线(07)009	CZ2617	J1 J2 J3 X1 X2	160 118 71 119 59	ZY(J)7		ZY(J)7 SH6-B SH6-E ZY(J)7-A SH6-E1	ZY(J)7/S1+160 SH6-B/B1+117 SH6-E/B2+72 ZY(J)7-A/S1+90-140 SH6-E1/1	220 170 150 220 150	2.5 2.5 4.2 2.5 4.2	X2281.544.00F X2284.590.00 X2284.519.00F X2281.545.00X	尖 ZYJ7-DY-11 心 ZYJ7-DY-3	尖 19.5(13.5) 心 14.5(10.0)	G6.1 A6.7 A4.95	客专线(07)010A 客专线(07)010AZ	客专线(07)010WG 客专线(07)010WZ

续上表

道岔类别	道岔图号	同类道岔	牵引点	道岔动程(mm)	配套转辙机	全主机	转辙机型号	转辙机物料编号	转辙机动程(mm)	转辙机转换力(kN)	机内用锁闭杆(表示杆)	配线	转换时间直流(交流)	胶管总成	安装装置图号	外锁图号
60/18	客专线(08)016		J1 J2 J3 X1 X2	160 118 71 119 59	ZY(J)7		ZY(J)7 SH6-B SH6-E ZY(J)7-A SH6-E1	ZY(J)7/S1+160 SH6-B/B1+117 SH6-E/B2+72 ZY(J)7-A/S1+90-140 SH6-E1/1	220 170 150 220 150	2.5 2.5 4.2 2.5 4.2	X2281.544.00F X2284.590.00 X2284.519.00F X2281.545.00X	尖 ZYJ7-DY-11 心 ZYJ7-DY-3	尖 19.5 (13.5) 心 14.5 (10.0)	G6.1 A6.7 A4.95	客专线(07)010A1 客专线(07)010A1Z	客专线(07)010WG 客专线(07)010WZ
60/18	客专线(07)001		J1 J2 J3 X1 X2	160 118 71 115 57	ZY(J)7	全主机	ZY(J)7 ZY(J)7-M ZY(J)7-R ZY(J)7-A ZY(J)7-R1	ZY(J)7/S3+160 ZY(J)7-M/B3+117 ZY(J)7-R/B2+72 ZY(J)7-A/S2+90-140 ZY(J)7-R1/2	220 170 150 220 150	2.5 3.5 4.2 2.5 4.2	X2281.544.00F X2284.590.00 X2284.519.00F X2281.545.00X	尖1、2为ZYJ7-DY-9 其余ZYJ7-DY-1	7.5 (5.5)		客专线(07)010AQ	客专线(07)003W 客专线(07)003WZ
60/18	客专线(07)004	CZ2602	J1 J2 J3 X1 X2	160 118 71 115 57	ZY(J)7	全主机	ZY(J)7 ZY(J)7-M ZY(J)7-R ZY(J)7-A ZY(J)7-R1	ZY(J)7/S3+160 ZY(J)7-M/B3+117 ZY(J)7-R/B2+72 ZY(J)7-A/S2+90-140 ZY(J)7-R1/2	220 170 150 220 150	2.5 3.5 4.2 2.5 4.2	X2281.544.00F X2284.590.00 X2284.519.00F X2281.545.00X	尖1、2为ZYJ7-DY-9 其余ZYJ7-DY-1	7.5 (5.5)		客专线(07)010A1Q 客专线(07)010A1QZ	客专线(07)003W 客专线(07)003WZ
60/18	客专线(07)009	CZ2617	J1 J2 J3 X1 X2	160 118 71 119 59	ZY(J)7	全主机	ZY(J)7 ZY(J)7-M ZY(J)7-R ZY(J)7-A ZY(J)7-R1	ZY(J)7/S3+160 ZY(J)7-M/B3+117 ZY(J)7-R/B2+72 ZY(J)7-A/S2+90-140 ZY(J)7-R1/2	220 170 150 220 150	2.5 3.5 4.2 2.5 4.2	X2281.544.00F X2284.590.00 X2284.519.00F X2281.545.00X	尖1、2为ZYJ7-DY-9 其余为ZYJ7-DY-1	7.5 (5.5)		客专线(07)010AQ 客专线(07)010AQZ	客专线(07)010WZ

续上表

道岔类别	道岔图号	同类道岔	牵引点	道岔动程(mm)	配套转辙机	全主机	转辙机型号	转辙机物料编号	转辙机动程(mm)	转辙机转换力(kN)	机内用锁闭杆(表示杆)	配线	转换时间直流(交流)	胶管总成	安装装置图号	外锁图号
60/18	客专线 (08)016		J1 J2 J3 X1 X2	160 118 71 119 59	ZY(J)7	全主机	ZY(J)7 ZY(J)7-M ZY(J)7-R ZY(J)7-A ZY(J)7-R1	ZY(J)7/S3+160 ZY(J)7-M/B3+117 ZY(J)7-R/B2+72 ZY(J)7-A/S2+90-140 ZY(J)7-R1/2	220 170 150 220 150	2.5 3.5 4.2 2.5 4.2	X2281.544.00F X2284.590.00 X2284.519.00F X2281.545.00X	尖1、2为 ZYJ7-DY-9 其余为 ZYJ7-DY-1	7.5 (5.5)		客专线 (07) 010A1Q 客专线 (07) 010A1QZ	客专线 (07) 010WG 客专线 (07) 010WZ
60/18	GLC(07) 02	CZ2640	J1 J2 J3 X1 X2	160 118 71 115 57	ZY(J)7	全主机	ZY(J)7 ZY(J)7-M ZY(J)7-R ZY(J)7-A ZY(J)7-R1	ZY(J)7/S3+160 ZY(J)7-M/B3+117 ZY(J)7-R/B2+72 ZY(J)7-A/S2+90-140 ZY(J)7-R1/2	220 170 150 220 150	2.5 3.5 4.2 2.5 4.2	X2281.544.00F X2284.590.00 X2284.519.00F X2281.545.00X	尖1、2为 ZYJ7-DY-9 其余 ZYJ7-DY-1	7.5 (5.5)		S1042 S(14) 1042	S0711 S(13) 0711
60/18	GLC(07) 02W		J1 J2 J3 X1 X2	160 118 71 115 57	ZY(J)7	全主机	ZY(J)7 ZY(J)7-M ZY(J)7-R ZY(J)7-A ZY(J)7-R1	ZY(J)7/S3+160 ZY(J)7-M/B3+117 ZY(J)7-R/B2+72 ZY(J)7-A/S2+90-140 ZY(J)7-R1/2	220 170 150 220 150	2.5 3.5 4.2 2.5 4.2	X2281.544.00F X2284.590.00 X2284.519.00F X2281.545.00X	尖1、2为 ZYJ7-DY-9 其余 ZYJ7-DY-1	7.5 (5.5)		S(18) 0714W	S0711 S(13) 0711
60/18	研线 1302		J1 J2 J3	160 115 69	ZY(J)7		ZY(J)7 SH6-C SH6-E1	ZY(J)7/S1+160 SH6-C/B1+117 SH6-E1/2	220 170 150	2.5 4.2 4.2	X2281.544.00F X2284.590.00	ZYJ7-DY-11	19.5 (13.5)	G6.1 A6.1	S1414	S1413
60/18	专线 4308		J1 J2 J3	160 118 69	ZY(J)7		ZY(J)7 SH6-B SH6-E1	ZY(J)7/S1+160 SH6-B/B1+117 SH6-E1/1	220 170 150	2.5 2.5 4.2	X2281.544.00F X2284.590.00	ZYJ7-DY-5	19.5 (13.5)	G5.5 A6.1	S(13) 1137	S(13) 1135
60/18	专线 4207		J1 J2 X1 X2	160 80 94 67	ZY(J)7		ZY(J)7 SH6-E ZY(J)7-A SH6-E1	ZY(J)7/S1+160 SH6-E/B1+80 ZY(J)7-A/S1+90-140 SH6-E1/1	220 150 220 150	2.5 4.2 2.5 4.2	X2281.544.00F X2284.511.00F X2281.545.00X	尖ZYJ7- DY-3 心ZYJ7- DY-3	尖14.5 (10.0) 心14.5 (10.0)	A8.0 A4.3	S0202	S0201

续上表

道岔类别	道岔图号	同类道岔	牵引点	道岔动程(mm)	配套转辙机	全主机	转辙机型号	转辙机物料编号	转辙机动程(mm)	转辙机转换力(kN)	机内用锁闭杆(表示杆)	配线	转换时间直流(交流)	胶管总成	安装装置图号	外锁图号
60/18	GLC(09)05		J1 J2 J3	160 121 75	ZY(J)7		ZY(J)7-F SH6-F2 SH6-M1	ZY(J)7-F/NS1+145-195 SH6-F2/NB1+80-130 SH6-M1/NB1+50-100	200 150 100	2.5 2.5 4.2	X2281.543.00NX X2284.512.00A X2284.510.00A	ZYJ7-DY-5	17.0 (12.0)	G5.0 A5.5	S0919	
60/18	GLC(09)05		J1 J2 J3	160 121 75	ZY(J)7	全主机	ZY(J)7-F ZY(J)7-S ZY(J)7-X	ZY(J)7-F/NS2+145-195 ZY(J)7-S/NB2+80-130 ZY(J)7-X/NB2+50-100	200 150 100	2.5 3.5 4.2	X2281.543.00NX X2284.512.00A X2284.510.00A	各点均为ZYJ7-DY-1	7.5 (5.5)		S1318	
60/18	GLC(07)05	CZ2641	J1 J2 J3	160 110 60	ZY(J)7		ZY(J)7-F SH6-F2 SH6-M2	ZY(J)7-F/NS1+145-195 SH6-F2/NB1+80-130 SH6-M2/N1	200 150 100	2.5 2.5 4.2	X2281.543.00NX X2284.512.00A	ZYJ7-DY-5	17.0 (12.0)	G5.5 A5.5	S0705	
60/18	CZ2545		J1 J2	180 80	ZY(J)7		ZY(J)7-F SH6-M1	ZY(J)7-F/NS1+145-195 SH6-M1/NB1+50-100	200 100	2.5 4.2	X2281.543.00NX X2284.510.00A	ZYJ7-DY-10	12.0 (8.5)	A8.0	S0413B	
60/18	SC449	CZ2628	J1 J2	180 82	ZY(J)7		ZY(J)7-F SH6-M1	ZY(J)7-F/NS1+145-195 SH6-M1/NB2+50-100	200 100	2.5 4.2	X2281.543.00NX X2284.510.00A	ZYJ7-DY-10	12.0 (8.5)	A8.0	S0413B	
60/18	GLC(09)05		J1 J2 J3	160 121 75	ZY(J)7(M)		ZY(J)7(M)-F SH6(M)-F2 SH6(M)-M1	ZY(J)7(M)-F/NS1+145-195 SH6(M)-F2/NB1+80-130 SH6(M)-M1/NB1+50-100	200 150 100	2.5 2.5 4.2	X2281.755.00 X2284.722.00 X2284.723.00	ZYJ7-DY-5	17.0 (12.0)	G5.0 A5.5	S0919	
60/18	专线4223A	专线 4224A、专线 4225A、CZ2506	J1 J2 J3 X1 X2	160 122 69 98 56	ZY(J)7(M)		ZY(J)7(M) SH6(M)-B SH6(M)-M ZY(J)7(M)-A SH6(M)-J1	ZY(J)7(M)/S1+160 SH6(M)-B/B1+122 SH6(M)-M/B1+69 ZY(J)7(M)-A/S1+90-140 SH6(M)-J1/1	220 170 100 220 140	2.5 2.5 4.2 2.5 4.2	X2281.744.00L(R) X2284.715.00L(R) X2284.714.00L(R) X2281.753.00	尖 ZYJ7-DY-5 心 ZYJ7-DY-3	尖 17.5 (12.0) 心 13.5 (9.5)	G4.3 A5.5 A4.95	S(01)9909 S(12)9909	S(01)9907 S(12)9907

续上表

道岔类别	道岔图号	同类道岔	牵引点	道岔动程(mm)	配套转辙机	全主机	转辙机型号	转辙机物料编号	转辙机动程(mm)	转辙机转换力(kN)	机内用锁闭杆(表示杆)	配线	转换时间直流(交流)	胶管总成	安装装置图号	外锁图号
60/18	GLC(09) 04		J1 J2 J3 X1 X2	160 110 60 103.7 56.8	ZY(J)9		YJ6(M)+ ZY9(M) ZY9(M)-G ZY9(M)-J1 YJ7(M)+ ZY9(M)-A ZY9(M)-J1	ZY9(M)/S1+160 ZY9(M)-G/B1+111 ZY9(M)-J1/2 ZY9(M)-A/S1+90-140 ZY9(M)-J1/1	220 170 150 220 150	2.5 2.5 4.2 2.5 4.2	X2281.744.00L(R) X2284.717.00L(R) X2281.753.00		尖 (13.5) 心 (9.5)	A2.0+ A5.5 A5.5 A10.0 A2.0+ A4.95 A6.1	S(Y9) 0909	S(15) 0906
60/18	客专线 (07)009	CZ2617	J1 J2 J3 X1 X2	160 118 71 119 59	ZY(J)7		ZY(J)7 SH6-B SH6-E ZY(J)7-A SH6-E1	ZY(J)7/S1+160 SH6-B/B1+117 SH6-E/B2+72 ZY(J)7-A/S1+90-140 SH6-E1/1	220 170 150 220 150	2.5 2.5 4.2 2.5 4.2	X2281.544.00F X2284.590.00 X2284.519.00F X2281.545.00X	尖 ZYJ7- DY-11 心 ZYJ7- DY-3	尖 19.5 (13.5) 心 14.5 (10.0)	G6.1 A6.7 A4.95	S1958AF	S1958
60/18	客专线 (07)009	CZ2617	J1 J2 J3 X1 X2	160 118 71 119 59	ZY(J)7	全主机	ZY(J)7 ZY(J)7-M ZY(J)7-R ZY(J)7-A ZY(J)7-R1	ZY(J)7/S3+160 ZY(J)7-M/B3+117 ZY(J)7-R/B2+72 ZY(J)7-A/S2+90-140 ZY(J)7-R1/2	220 170 150 220 150	2.5 3.5 4.2 2.5 4.2	X2281.544.00F X2284.590.00 X2284.519.00F X2281.545.00X	尖 1、2 为 ZYJ7-DY-9 其余为 ZYJ7-DY-1	7.5 (5.5)		S1958AZ	S1958
60/18	GLC(07) 02	CZ2640	J1 J2 J3 X1 X2	160 118 71 115 57	ZY(J)7		ZY(J)7 SH6-B SH6-E ZY(J)7-A SH6-E1	ZY(J)7/S1+160 SH6-B/B1+117 SH6-E/B2+72 ZY(J)7-A/S1+90-140 SH6-E1/1	220 170 150 220 150	2.5 2.5 4.2 2.5 4.2	X2281.544.00F X2284.590.00 X2284.519.00F X2281.545.00X	尖 ZYJ7- DY-11 心 ZYJ7- DY-3	尖 19.5 (13.5) 心 14.5 (10.0)	G6.1 A6.7 A4.95	S1962AF	S1962
60/18	GLC(07) 02	CZ2640	J1 J2 J3 X1 X2	160 118 71 115 57	ZY(J)7	全主机	ZY(J)7 ZY(J)7-M ZY(J)7-R ZY(J)7-A ZY(J)7-R1	ZY(J)7/S3+160 ZY(J)7-M/B3+117 ZY(J)7-R/B2+72 ZY(J)7-A/S2+90-140 ZY(J)7-R1/2	220 170 150 220 150	2.5 3.5 4.2 2.5 4.2	X2281.544.00F X2284.590.00 X2284.519.00F X2281.545.00X	尖 1、2 为 ZYJ7-DY-9 其余 ZYJ7-DY-1	7.5 (5.5)		S1962AZ	S1962

续上表

道岔类别	道岔图号	同类道岔	牵引点	道岔动程(mm)	配套转辙机	全主机	转辙机型号	转辙机物料编号	转辙机动程(mm)	转辙机转换力(kN)	机内用锁闭杆(表示杆)	配线	转换时间直流(交流)	胶管总成	安装装置图号	外锁图号
60/18	研线 1302		J1 J2 J3	160 115 69	ZY(J) 7(M)		ZY(J)7(M) SH6(M)-C SH6(M)-E1	ZY(J)7(M)/S1+160 SH6(M)-C/B1+117 SH6(M)-E1/2	220 170 150	2.5 4.2 4.2	X2281.744.00L(R) X2284.720.00L(R)	ZYJ7-DY-11	19.5 (13.5)	G6.1 A6.1	S1414	S1413
60/18	专线 4223A	专线 4224A、 专 线 4225A、 CZ2506	J1 J2 J3 X1 X2	160 122 69 98 56	ZY(J)9		YJ6(M)+ ZY9(M) ZY9(M)-G ZY9(M)-J YJ7(M)+ ZY9(M)-A ZY9(M)-J1	ZY9(M)/ S1+160 ZY9(M)-G/B1+122 ZY9(M)-J/B1+69 ZY9(M)-A/ S1+90-140 ZY9(M)-J1/1	220 170 150 220 150	2.5 2.5 4.2 2.5 4.2	X2281.744.00L(R) X2284.715.00L(R) X2284.714.00L(R) X2281.753.00		尖(13.5) 心(9.5)	A2.0+ A4.3 A5.5 A8.0 A2.0+ A4.95 A6.1	S(Y9) 9909	S(17) 9907
60/18	客专线 (07)004	CZ2602	J1 J2 J3 X1 X2	160 118 71 115 57	ZY(J) 7(M)		ZY(J)7(M) SH6(M)-B SH6(M)-E ZY(J)7(M)-A SH6(M)-E1	ZY(J)7(M)/S1+160 SH6(M)-B/B1+117 SH6(M)-E/B2+72 ZY(J)7(M)-A/S1+90-140 SH6(M)-E1/1	220 170 150 220 150	2.5 2.5 4.2 2.5 4.2	X2281.744.00L(R) X2284.720.00L(R) X2284.719.00L(R) X2281.753.00	尖 ZYJ7- DY-11 心 ZYJ7- DY-3	尖 19.5 (13.5) 心 14.5 (10.0)	G6.1 A6.7 A4.95	客专线 (07) 010A1 客专线 (07) 010A1Z	客专线 (07) 003W 客专线 (07) 003WZ
60/18	研线 1302		J1 J2 J3	160 115 69	ZY(J) 7(M)		ZY(J)7(M) ZY(J) 7(M)-M ZY(J)7(M)-R1	ZY(J)7(M)/S3+160 ZY(J) 7(M)-M/B3+117 ZY(J)7(M)-R1/2	220 170 150	2.5 3.5 4.2	X2281.744.00L(R) X2284.720.00L(R)	尖 1、2 为 ZYJ7-DY-9 尖 3 为 ZYJ7-DY-1	7.5 (5.5)		S1901	S1413
60/18	GLC(07) 04	CZ2620	J1 J2 J3 X1 X2	160 110 60 103.7 56.8	ZY(J)7		ZY(J)7 SH6-B SH6-E1 ZY(J)7-A SH6-E1	ZY(J)7/S1+160 SH6-B/B1+111 SH6-E1/2 ZY(J)7-A/S1+90-140 SH6-E1/1	220 170 150 220 150	2.5 2.5 4.2 2.5 4.2	X2281.544.00F X2284.592.00 X2281.545.00X	尖 ZYJ7- DY-11 心 ZYJ7- DY-3	尖 19.5 (13.5) 心 14.5 (10.0)	G5.5 A5.5 A4.95	S0709 S(13) 0709	S0706 S(13) 0706

续上表

道岔类别	道岔图号	同类道岔	牵引点	道岔动程(mm)	配套转辙机	全主机	转辙机型号	转辙机物料编号	转辙机动程(mm)	转辙机转换力(kN)	机内用锁闭杆(表示杆)	配线	转换时间直流(交流)	胶管总成	安装装置图号	外锁图号
60/18	研线 1302		J1 J2 J3	160 115 69	ZY(J)7	全主机	ZY(J)7 ZY(J)7-M ZY(J)7-R1	ZY(J)7/S3+160 ZY(J)7-M/B3+117 ZY(J)7-R1/2	220 170 150	2. 5 3. 5 4. 2	X2281. 544. 00F X2284. 590. 00	尖1、2为 ZYJ7-DY-9 尖3为 ZYJ7-DY-1	7. 5 (5. 5)		S1901	S1413
60/18	专线 4223A	专线 4224A、 专 线 4225A、 CZ2506	J1 J2 J3 X1 X2	160 122 69 98 56	ZY(J)7	全主机	ZY(J)7 ZY(J)7-M ZY(J)7-R ZY(J)7-A ZY(J)7-R1	ZY(J)7/S2+160 ZY(J)7-M/B2+122 ZY(J)7-R/B2+69 ZY(J)7-A/S2+90-140 ZY(J)7-R1/2	220 170 150 220 150	2. 5 3. 5 4. 2 2. 5 4. 2	X2281. 544. 00F X2284. 515. 00F X2284. 514. 00F X2281. 545. 00X	各点均为 ZYJ7-DY-1	7. 5 (5. 5)		S(17) 9909	S(17) 9907
60/18	GLC(09) 04		J1 J2 J3 X1 X2	160 110 60 103. 7 56. 8	ZY(J)7	全主机	ZY(J)7 ZY(J)7-M ZY(J)7-R1 ZY(J)7-A ZY(J)7-R1	ZY(J)7/S3+160 ZY(J)7-M/B3+111 ZY(J)7-R1/2 ZY(J)7-A/S2+90-140 ZY(J)7-R1/2	220 170 150 220 150	2. 5 3. 5 4. 2 2. 5 4. 2	X2281. 544. 00F X2284. 592. 00 X2281. 545. 00X	尖1、2为 ZYJ7-DY-9 其余 ZYJ7-DY-1	7. 5 (5. 5)		S1041	S(15) 0906
60/18	GLC(07) 03	CZ2639	J1 J2 J3 X1 X2	160 118 71 115 64	ZY(J)7	全主机	ZY(J)7 ZY(J)7-M ZY(J)7-R ZY(J)7-A ZY(J)7-R1	ZY(J)7/S3+160 ZY(J)7-M/B3+117 ZY(J)7-R/B2+72 ZY(J)7-A/S2+90-140 ZY(J)7-R1/2	220 170 150 220 150	2. 5 3. 5 4. 2 2. 5 4. 2	X2281. 544. 00F X2284. 590. 00 X2284. 519. 00F X2281. 545. 00X	尖1、2为 ZYJ7-DY-9 其余 ZYJ7-DY-1	7. 5 (5. 5)		S1026 S(14) 0719Q	S0716 S(14) 0716
60/18	客专线 (05)001	客专线(06)001	J1 J2 J3 X1 X2	160 118 71 115 64	ZY(J)7	全主机	ZY(J)7 ZY(J)7-M ZY(J)7-R ZY(J)7-A ZY(J)7-R1	ZY(J)7/S3+160 ZY(J)7-M/B3+117 ZY(J)7-R/B2+72 ZY(J)7-A/S2+90-140 ZY(J)7-R1/2	220 170 150 220 150	2. 5 3. 5 4. 2 2. 5 4. 2	X2281. 544. 00F X2284. 590. 00 X2284. 519. 00F X2281. 545. 00X	尖1、2为 ZYJ7-DY-9 其余 ZYJ7-DY-1	7. 5 (5. 5)		客专线 (05) 003AQZ	客专线 (05) 003W 客专线 (05) 003WZ

续上表

道岔类别	道岔图号	同类道岔	牵引点	道岔动程(mm)	配套转辙机	全主机	转辙机型号	转辙机物料编号	转辙机动程(mm)	转辙机转换力(kN)	机内用锁闭杆(表示杆)	配线	转换时间直流(交流)	胶管总成	安装装置图号	外锁图号
60/18	SYC0502		J1	160	ZY(J)7	全主机	ZY(J)7	ZY(J)7/S3+160	220	2.5	X2281.544.00F X2284.590.00 X2281.545.00X	尖1、2为 ZYJ7-DY-9 其余 ZYJ7-DY-1	7.5 (5.5)		S0524 S(16) 0524Q	S0521 S(16) 0521
			J2	116			ZY(J)7-M	ZY(J)7-M/B3+117	170	3.5						
			J3	67			ZY(J)7-R1	ZY(J)7-R1/2	150	4.2						
			X1	114.8			ZY(J)7-A	ZY(J)7-A/S2+90-140	220	2.5						
			X2	59.4			ZY(J)7-R1	ZY(J)7-R1/2	150	4.2						
60/18	客专线(05)004	客专线(06)004	J1	160	ZY(J)7	全主机	ZY(J)7	ZY(J)7/S3+160	220	2.5	X2281.544.00F X2284.590.00 X2284.519.00F X2281.545.00X	尖1、2为 ZYJ7-DY-9 其余 ZYJ7-DY-1	7.5 (5.5)		客专线 (05) 003A1QZ	客专线 (05) 003W 客专线 (05) 003WZ
			J2	118			ZY(J)7-M	ZY(J)7-M/B3+117	170	3.5						
			J3	71			ZY(J)7-R	ZY(J)7-R/B2+72	150	4.2						
			X1	115			ZY(J)7-A	ZY(J)7-A/S2+90-140	220	2.5						
			X2	64			ZY(J)7-R1	ZY(J)7-R1/2	150	4.2						
60/30	GLC(08)06	CZ6014	J1	160	ZY(J)7	全主机	ZY(J)7	ZY(J)7/S3+160	220	2.5	X2281.544.00F X2284.593.00 X2284.592.00 X2284.510.00F X2281.545.00X	尖轨前4点 ZYJ7-DY-9 其余各点为 ZYJ7-DY-1	7.5 (5.5)		S0901 S(15) 0901	S0803 S(15) 0803
			J2	134			ZY(J)7-H	ZY(J)7-H/B3+136	190	2.5						
			J3	108			ZY(J)7-M	ZY(J)7-M/B3+111	170	3.5						
			J4	83			ZY(J)7-U	ZY(J)7-U/B3+84	140	4.2						
			J5	57			ZY(J)7-W	ZY(J)7-W/2	120	4.2						
			J6	31			ZY(J)7-W	ZY(J)7-W/2	120	4.2						
			X1	107			ZY(J)7-A	ZY(J)7-A/S2+90-140	220	2.5						
			X2	73			ZY(J)7-J	ZY(J)7-J/2	190	3.5						
			X3	39			ZY(J)7-R1	ZY(J)7-R1/2	150	4.2						
60/30	CZ2527		J1	160	ZY(J)7	全主机	ZY(J)7	ZY(J)7/S2+160	220	2.5	X2281.544.00F X2284.593.00 X2284.592.00 X2284.591.00 X2281.545.00X	各点均为 ZYJ7-DY-1	7.5 (5.5)		S0401A	S0401W S(16) 0401W
			J2	132			ZY(J)7-H	ZY(J)7-H/B2+136	190	2.5						
			J3	110			ZY(J)7-M	ZY(J)7-M/B2+111	170	3.5						
			J4	87			ZY(J)7-U	ZY(J)7-U/B2+88	140	4.2						
			J5	65			ZY(J)7-W	ZY(J)7-W/2	120	4.2						
			J6	40			ZY(J)7-W	ZY(J)7-W/2	120	4.2						
			X1	112			ZY(J)7-A	ZY(J)7-A/S2+90-140	220	2.5						
			X2	84			ZY(J)7-J	ZY(J)7-J/2	190	3.5						
			X3	57			ZY(J)7-R1	ZY(J)7-R1/2	150	4.2						

续上表

道岔类别	道岔图号	同类道岔	牵引点	道岔动程(mm)	配套转辙机	全主机	转辙机型号	转辙机物料编号	转辙机动程(mm)	转辙机转换力(kN)	机内用锁闭杆(表示杆)	配线	转换时间直流(交流)	胶管总成	安装装置图号	外锁图号
60/30	专线 4261	专线 4263	J1 J2 J3 J4 J5 J6 X1 X2 X3	160 136 111 87 60 35 97.5 76 50	ZY(J)7		ZY(J)7 SH6 SH6-C ZY(J)7-R SH6-E3 SH6-M2 ZY(J)7-A SH6-C1 SH6-E1	ZY(J)7/S1+160 SH6/B1+136 SH6-C/B1+111 ZY(J)7-R/B1+88 SH6-E3/1SH6-M2/1 Y(J)7-A/S1+90-140 SH6-C1/1 SH6-E1/1	220 200 170 150 150 100 220 170 150	2.5 2.5 4.2 4.2 4.2 4.2 2.5 4.2 4.2	X2281.544.00F X2284.593.00 X2284.592.00 X2284.591.00 X2281.545.00X	尖 1-3、 尖 4-6、 心 1-3 均为 ZYJ7-DY-5	尖 18.0 (14.0) 心 18.0 (14.0)	G5.5 A4.95 G5.0 A5.5 G5.0 A4.95	S0702	S0701
60/30	CZ2527		J1 J2 J3 J4 J5 J6 X1 X2 X3	160 132 110 87 65 40 112 84 57	ZY(J)7		ZY(J)7 SH6 SH6-C ZY(J)7-R SH6-E3 SH6-M2 ZY(J)7-A SH6-C1 SH6-E1	ZY(J)7/S1+160 SH6/B1+136 SH6-C/B1+111 ZY(J)7-R/B1+88 SH6-E3/1 SH6-M2/1 ZY(J)7-A/S1+90-140 SH6-C1/1 SH6-E1/1	220 200 170 150 150 100 220 170 150	2.5 2.5 4.2 4.2 4.2 4.2 2.5 4.2 4.2	X2281.544.00F X2284.593.00 X2284.592.00 X2284.591.00 X2281.545.00X	尖 1-3、 尖 4-6、 心 1-3 均为 ZYJ7-DY-5	尖 18.0 (14.0) 心 18.0 (14.0)	G5.5 A4.95 G5.0 A5.5 G5.0 A4.95	S0814 S(12) 0814	S0813 S(12) 0813
60/30	专线 4261	专线 4263	J1 J2 J3 J4 J5 J6 X1 X2 X3	160 136 111 87 60 35 97.5 76 50	ZY(J)7	全主机	ZY(J)7 ZY(J)7-D ZY(J)7-D ZY(J)7-R ZY(J)7-R1 ZY(J)7-R1 ZY(J)7-A ZY(J)7-D1 ZY(J)7-R1	ZY(J)7/S2+160 ZY(J)7-D/B2+136 ZY(J)7-D/B2+111 ZY(J)7-R/B2+88 ZY(J)7-R1/2 ZY(J)7-R1/2 ZY(J)7-A/S2+90-140 ZY(J)7-D1/2 ZY(J)7-R1/2	220 220 220 150 150 150 220 220 150	2.5 2.5 2.5 4.2 4.2 4.2 2.5 2.5 4.2	X2281.544.00F X2284.593.00 X2284.592.00 X2284.591.00 X2281.545.00X	各点均为 ZYJ7-DY-1	7.5 (5.5)		通号 9157	通号 (04) 9155

续上表

道岔类别	道岔图号	同类道岔	牵引点	道岔动程（mm）	配套转辙机	全主机	转辙机型号	转辙机物料编号	转辙机动程（mm）	转辙机转换力（kN）	机内用锁闭杆（表示杆）	配线	转换时间直流（交流）	胶管总成	安装装置图号	外锁图号
60/38	专线4272	专线4273、CZ552	J1	160	ZY(J)7	全主机	ZY(J)7	ZY(J)7/S2+160	220	2.5	X2281.544.00F X2284.593.00 X2284.590.00 X2284.518.00F X2284.519.00F X2281.545.00X	各点均为ZYJ7-DY-1	7.5（5.5）		S2002A	S2001A S(14) 2001
			J2	140			ZY(J)7-D	ZY(J)7-D/B2+136	220	2.5						
			J3	117			ZY(J)7-D	ZY(J)7-D/B2+117	220	2.5						
			J4	95			ZY(J)7-R	ZY(J)7-R/B2+95	150	4.2						
			J5	72			ZY(J)7-R	ZY(J)7-R/B2+72	150	4.2						
			J6	40			ZY(J)7-R1	ZY(J)7-R1/2	150	4.2						
			X1	109			ZY(J)7-A	ZY(J)7-A/S2+90-140	220	2.5						
			X2	85			ZY(J)7-D1	ZY(J)7-D1/2	220	2.5						
			X3	54			ZY(J)7-R1	ZY(J)7-R1/2	150	4.2						
60/41	CZ6006		J1	120	ZY(J)7	全主机	ZY(J)7-A	ZY(J)7-A/S3+90-140	220		X2281.545.00X X2284.512.00A X2284.512.00A X2284.510.00A X2284.510.00A X2281.545.00X X2284.510.00A	尖轨前6点、心轨第1点为ZYJ7-DY-9其余牵引点为ZYJ7-DY-1	7.5（5.5）		S1211	
			J2	111			ZY(J)7-M1	ZY(J)7-M1/B3+80-130	170	2.5						
			J3	101			ZY(J)7-G	ZY(J)7-G/B3+80-130	140	3.5						
			J4	90			ZY(J)7-G	ZY(J)7-G/B3+50-100	140	3.5						
			J5	78			ZY(J)7-Q	ZY(J)7-Q/B3+50-100	120	3.5						
			J6	60			ZY(J)7-Q1	ZY(J)7-Q1/3	120	3.5						
			J7	37			ZY(J)7-Q1	ZY(J)7-Q1/2	120	3.5						
			J8	21			ZY(J)7-X1	ZY(J)7-X1/2	100	3.5						
			X1	115			ZY(J)7-H1	ZY(J)7-H1/S3+90-140	190	4.2						
			X2	72.5			ZY(J)7-Q	ZY(J)7-Q/B2+50-100	120	2.5						
			X3	41			ZY(J)7-X1	ZY(J)7-X1/2	100	3.5						
			X4	18			ZY(J)7-X1	ZY(J)7	100							
60/42	客专线(07)006	CZ2686	J1	160	ZY(J)7	全主机	ZY(J)7	ZY(J)7/S3+160	220	2.5	X2281.544.00F X2284.593.00 X2284.592.00 X2284.510.00F X2281.545.00X	尖轨前4点为ZYJ7-DY-9其余各点为ZYJ7-DY-1	7.5（5.5）		客专线（07）008A 客专线（07）008AZ	客专线（07）008W 客专线（07）008WZ
			J2	136			ZY(J)7-H	ZY(J)7-H/B3+136	190	2.5						
			J3	111			ZY(J)7-M	ZY(J)7-M/B3+111	170	3.5						
			J4	87			ZY(J)7-U	ZY(J)7-U/B3+84	140	4.2						
			J5	62			ZY(J)7-W	ZY(J)7-W/2	120	4.2						
			J6	33			ZY(J)7-W	ZY(J)7-W/2	120	4.2						
			X1	110			ZY(J)7-A	ZY(J)7-A/S2+90-140	220	2.5						
			X2	79			ZY(J)7-J	ZY(J)7-J/2	190	3.5						
			X3	41			ZY(J)7-R1	ZY(J)7-R1/2	150	4.2						

续上表

道岔类别	道岔图号	同类道岔	牵引点	道岔动程(mm)	配套转辙机	全主机	转辙机型号	转辙机物料编号	转辙机动程(mm)	转辙机转换力(kN)	机内用锁闭杆(表示杆)	配线	转换时间直流(交流)	胶管总成	安装装置图号	外锁图号
60/42	客专线(07)011	CZ2635	J1	160	ZY(J)7	全主机	ZY(J)7	ZY(J)7/S3+160	220	2.5	X2281.544.00F X2284.593.00 X2284.592.00 X2284.510.00F X2281.545.00X	尖轨前4点为ZYJ7-DY-9 其余各点为ZYJ7-DY-1	7.5 (5.5)		客专线(07)008A1 客专线(07)008A1Z	客专线(07)008W 客专线(07)008WZ
			J2	136			ZY(J)7-H	ZY(J)7-H/B3+136	190	2.5						
			J3	111			ZY(J)7-M	ZY(J)7-M/B3+111	170	3.5						
			J4	87			ZY(J)7-U	ZY(J)7-U/B3+84	140	4.2						
			J5	62			ZY(J)7-W	ZY(J)7-W/2	120	4.2						
			J6	33			ZY(J)7-W	ZY(J)7-W/2	120	4.2						
			X1	110			ZY(J)7-A	ZY(J)7-A/S2+90-140	220	2.5						
			X2	79			ZY(J)7-J	ZY(J)7-J/2	190	3.5						
			X3	41			ZY(J)7-R1	ZY(J)7-R1/2	150	4.2						
60/42	客专线(07)006	CZ2686	J1	160	ZY(J)7	全主机	ZY(J)7	ZY(J)7/S3+160	220	2.5	X2281.544.00F X2284.593.00 X2284.592.00 X2284.510.00F X2281.545.00X	尖轨前4点为ZYJ7-DY-9 其余各点为ZYJ7-DY-1	7.5 (5.5)		S2078A	S2078W
			J2	136			ZY(J)7-H	ZY(J)7-H/B3+136	190	2.5						
			J3	111			ZY(J)7-M	ZY(J)7-M/B3+111	170	3.5						
			J4	87			ZY(J)7-U	ZY(J)7-U/B3+84	140	4.2						
			J5	62			ZY(J)7-W	ZY(J)7-W/2	120	4.2						
			J6	33			ZY(J)7-W	ZY(J)7-W/2	120	4.2						
			X1	110			ZY(J)7-A	ZY(J)7-A/S2+90-140	220	2.5						
			X2	79			ZY(J)7-J	ZY(J)7-J/2	190	3.5						
			X3	41			ZY(J)7-R1	ZY(J)7-R1/2	150	4.2						
60/42	客专线(07)006	CZ2686	J1	160	ZY(J)7(M)		ZY(J)7(M)	ZY(J)7(M)/S3+160	220	2.5	X2281.744.00L(R) X2284.716.00L(R) X2284.717.00L(R) X2284.710.00L(R) X2281.753.00	尖轨前4点为ZYJ7-DY-9 其余各点为ZYJ7-DY-1	7.5 (5.5)		客专线(07)008A 客专线(07)008AZ	客专线(07)008W 客专线(07)008WZ
			J2	136			ZY(J)7(M)-H	ZY(J)7(M)-H/B3+136	190	2.5						
			J3	111			ZY(J)7(M)-M	ZY(J)7(M)-M/B3+111	170	3.5						
			J4	87			ZY(J)7(M)-U	ZY(J)7(M)-U/B3+84	140	4.2						
			J5	62			ZY(J)7(M)-W	ZY(J)7(M)-W/2	120	4.2						
			J6	33			ZY(J)7(M)-W	ZY(J)7(M)-W/2	120	4.2						
			X1	110			ZY(J)7(M)-A	ZY(J)7(M)-A/S2+90-140	220	2.5						
			X2	79			ZY(J)7(M)-J	ZY(J)7(M)-J/2	190	3.5						
			X3	41			ZY(J)7(M)-R1	ZY(J)7(M)-R1/2	150	4.2						

续上表

道岔类别	道岔图号	同类道岔	牵引点	道岔动程(mm)	配套转辙机	全主机	转辙机型号	转辙机物料编号	转辙机动程(mm)	转辙机转换力(kN)	机内用锁闭杆(表示杆)	配线	转换时间直流(交流)	胶管总成	安装装置图号	外锁图号
60/42	客专线(07)006	CZ2686	J1 J2 J3 J4 J5 J6 X1 X2 X3	160 136 111 87 62 33 110 79 41	ZY(J)7(M)		ZY(J)7(M) ZY(J)7(M)-H ZY(J)7(M)-M ZY(J)7(M)-U ZY(J)7(M)-W ZY(J)7(M)-W ZY(J)7(M)-A ZY(J)7(M)-J ZY(J)7(M)-R1	ZY(J)7(M)/S3+160 ZY(J)7(M)-H/B3+136 ZY(J)7(M)-M/B3+111 ZY(J)7(M)-U/B3+84 ZY(J)7(M)-W/2 ZY(J)7(M)-W/2 ZY(J)7(M)-A/S2+90-140 ZY(J)7(M)-J/2 ZY(J)7(M)-R1/2	220 190 170 140 120 120 220 190 150	2.5 2.5 3.5 4.2 4.2 4.2 2.5 3.5 4.2	X2281.744.00L(R) X2284.716.00L(R) X2284.717.00L(R) X2284.710.00L(R) X2281.753.00	尖轨前4点为ZYJ7-DY-9 其余各点为ZYJ7-DY-1	7.5 (5.5)		S2078A	S2078W
Jun-60	SC382		J1	152	ZY(J)7		ZY(J)7-N	ZY(J)7-N/NS2+152	170	4.2	X2281.546.00CX	ZYJ7-DY-1	8.5 (6.5)		S1815	
Sep-60	SC888		J1 J2	160 82	ZY(J)7		ZY(J)7 SH6-E	ZY(J)7/S1+160 SH6-E/B1+80	220 150	2.5 4.2	X2281.544.00F X2284.511.00F	ZYJ7-DY-3	14.5 (10.0)	A4.95	S1906A	S1906W
Sep-60	NNB-TYT-DC-DC-01-004	专线9775-Ⅵ-100 02D000-S-DC-01-300	J1 J2	160 70	ZY(J)7		ZY(J)7 SH6-J	ZY(J)7/S1+160 SH6-J/B1+69	220 140	2.5 4.2	X2281.544.00F X2284.514.00F	ZYJ7-DY-3	13.5 (9.5)	A5.5	041000-09-1 1-01-00-SS-XH	S1485W
Sep-60	03300-S-GD-03-100		J1	152	ZY(J)7		ZY(J)7-P1	ZY(J)7-P1/NHT3+152	170	4.2	X2281.546.00CX	ZYJ7-DY-9	8.5 (6.5)		DTA02	
Sep-60	GJ-030525-202		J1 J2	160 80	ZY(J)7		ZY(J)7-F SH6-M1	ZY(J)7-F/NS1+145-195 SH6-M1/NB1+50-100	200 100	2.5 4.2	X2281.543.00NX X2284.510.00A	ZYJ7-DY-3	12.0 (8.5)	A4.95	S21111	
Sep-60	GZY-GD-04-2300		J1 J2	160 70	ZY(J)7		ZY(J)7 SH6-J	ZY(J)7/S1+160 SH6-J/B1+69	220 140	2.5 4.2	X2281.544.00F X2284.514.00F	ZYJ7-DY-GF-02	13.5 (9.5)	A5.5	S2109	S1485W
Sep-60	三线城(2014)8004		J1 J2	160 85	ZY(J)7		Y(J)5+ZYG7 SHG6	Y(J)5+ZYG7/ST1+160 SHG6/BT1+85	220 140	2.5 4.2	X2281.GS.0.4A X2284.GS.0.4C	ZYJ7-GZ-02	13.5 (9.5)	J1.7+ J3.08 J5.15+ J6.45	S(16) 0680BTA	S(16) 0680 BTW

续上表

道岔类别	道岔图号	同类道岔	牵引点	道岔动程(mm)	配套转辙机	全主机	转辙机型号	转辙机物料编号	转辙机动程(mm)	转辙机转换力(kN)	机内用锁闭杆(表示杆)	配线	转换时间直流(交流)	胶管总成	安装装置图号	外锁图号
Sep-60	专线 9768- Ⅰ	CZ3555	J1 J2	160 70	ZY(J)7		ZY(J)7 SH6-J	ZY(J)7/S1+160 SH6-J/B1+69	220 140	2.5 4.2	X2281.544.00F X2284.514.00F	ZYJ7-DY-3	13.5 (9.5)	A5.5	14400-S-XH-23A	S1485W
Sep-60	专线 9768- Ⅰ	CZ3555	J1 J2	160 70	ZY(J)7		ZY(J)7 SH6-J	ZY(J)7/S1+160 SH6-J/B1+69	220 140	2.5 4.2	X2281.544.00F X2284.514.00F	ZYJ7-DY-3	13.5 (9.5)	A5.5	02000-S-XH-12A	S1485W
Sep-60	专线 9768- Ⅰ	CZ3555	J1 J2	160 70	ZY(J)7		ZY(J)7 SH6-J	ZY(J)7/S1+160 SH6-J/B1+69	220 140	2.5 4.2	X2281.544.00F X2284.514.00F	ZYJ7-DY-3	13.5 (9.5)	A5.5	07400-S-XH-02-10A (7E600-S-XH-0401)	S1485W (7E600-S-XH-0401)
Sep-60	专线 9950		J1 J2	152 74	ZY(J)7		YJ4+ZYG7 SHG6	YJ4+ZYG7/ST1+152 SHG6/BT1+75	220 140	2.5 4.2	X2281.GS.0.4 X2284.GS.0.4	ZYJ7-GZ-02	7.0	J1.7+J3.08 J5.15+J6.45	DTA01 DTAZ01	DTW01 DTWZ01
Sep-60	STB-GJ-030501	申通 001	J1 J2	160 80	ZY(J)7		YJ4+ZYG7(M) SHG6(M)	YJ4+ZYG7(M)/NST1+160 SHG6(M)/NBT1+80	170 100	2.5 4.2	X2281.GS.0.4-1MA X2284.GS.0.4MA		6.0	J3.35 J6.95	DTNA01	
Sep-60	专线 4204	专线（02）4204、CZ2557、CZ579	J1	152	ZY(J)7		ZY(J)7-N	ZY(J)7-N/NS2+152	170	4.2	X2281.546.00CX	ZYJ7-DY-1	8.5 (6.5)		S1034	
Sep-60	03300-S-GD-03-100		J1	152	ZY(J)7		ZY(J)7-N	ZY(J)7-N/NS2+152	170	4.2	X2281.546.00CX	ZYJ7-DY-1	8.5 (6.5)		DTAZ02 (S1981)	
Sep-60	DC06-04		J1 J2	160 75	ZY(J)7		ZY(J)7 SH6-J	ZY(J)7/S1+160 SH6-J/B1+69	220 140	2.5 4.2	X2281.544.00F X2284.514.00F	ZYJ7-DY-3	13.5 (9.5)	A5.5		
Sep-60	STB-GJ-030501		J1 J2	160 80	ZY(J)7		YJ4+ZYG7 SHG6	YJ4+ZYG7/ST1+160 SHG6/BT1+80	220 140	2.5 4.2	X2281.GS.0.4A X2284.GS.0.4A	ZYJ7-GZ-02	7.0	J1.7+J3.08 J5.15+J6.45	S0680S(16) 0680A	S0680W S(16) 0680

续上表

道岔类别	道岔图号	同类道岔	牵引点	道岔动程(mm)	配套转辙机	全主机	转辙机型号	转辙机物料编号	转辙机动程(mm)	转辙机转换力(kN)	机内用锁闭杆(表示杆)	配线	转换时间直流(交流)	胶管总成	安装装置图号	外锁图号
Sep-60	专线9761-11-100		J1 J2	160 80	ZY(J)7	全主机	ZY(J)7 ZY(J)7-R	ZY(J)7/S2+160 ZY(J)7-R/B2+80	220 150	2.5 4.2	X2281.544.00F X2284.511.00F	均为ZYJ7-DY-1	7.5 (5.5)		S2030A	S2030W
Sep-60	CZ577	SC390、交渡CZ580、交渡CZ581、交渡CZ582、交渡CZ583、交渡SC391	J1 J2	160 75	ZY(J)7	全主机	ZY(J)7-F ZY(J)7-X	ZY(J)7-F/NS2+145-195 ZY(J)7-X/NB2+50-100	200 100	2.5 4.2	X2281.543.00NX X2284.510.00A	均为ZYJ7-DY-1	7.5 (5.5)		S1319	
Sep-60	SC402		J1 J2	160 88	ZY(J)7	全主机	ZY(J)7 ZY(J)7-R	ZY(J)7/S2+160 ZY(J)7-R/B2+88	220 150	2.5 4.2	X2281.544.00F X2284.591.00	均为ZYJ7-DY-1	7.5 (5.5)		S1309	S0324 S(13) 0324
Sep-60	SC402		J1 J2	160 88	ZY(J)7		ZY(J)7 SH6-E	ZY(J)7/S1+160 SH6-E/B1+88	220 150	2.5 4.2	X2281.544.00F X2284.591.00	ZYJ7-DY-3	14.5 (10.0)	A5.5	S0325 S(13) 0325	S0324 S(13) 0324
Sep-60	SC582		J1 J2	160 91	ZY(J)7		ZY(J)7 SH6-E	ZY(J)7/S1+160 SH6-E/B1+88	220 150	2.5 4.2	X2281.544.00F X2284.591.00	ZYJ7-DY-3	14.5 (10.0)	A5.5	SGHA	SGHW
Sep-60	专线9768-Ⅰ	CZ3555	J1 J2	160 70	ZY(J)7		ZY(J)7 SH6-J	ZY(J)7/S1+160 SH6-J/B1+69	220 140	2.5 4.2	X2281.544.00F X2284.514.00F	ZYJ7-DY-3	13.5 (9.5)	A5.5	S1485A	S1485W
Sep-60	STB-GJ-030501		J1 J2	160 80	ZY(J)7		ZY(J)7-1 SH6-J	ZY(J)7-1/ST1+160 SH6-J/BT1+80	220 140	2.5 4.2	X2281.544.00F X2284.511.00F	ZYJ7-DY-3	7.0	A4.95	S0681P S(21) 0681A	S0681W S(21) 0681W
Sep-60	GF300-S-G FD-03-EQ100		J1 J2	160 70	ZY(J)7		ZY(J)7 SH6-J	ZY(J)7/S1+160 SH6-J/B1+69	220 140	2.5 4.2	X2281.544.00F X2284.514.00F	ZYJ7-DY-GF-02	13.5 (9.5)	A5.5	S1485A	S1485W
Sep-60	CZ577	SC390、交渡CZ580、交渡CZ581、交渡CZ582、交渡CZ583、交渡SC391	J1 J2	160 75	ZY(J)7	全主机	ZY(J)7-F ZY(J)7-U1	ZY(J)7-F/NS2+145-195 ZY(J)7-U1/NB2+50-100	200 140	2.5 4.2	X2281.543.00NX X2284.510.00A	均为ZYJ7-DY-1	7.5 (5.5)		S1319B	

续上表

道岔类别	道岔图号	同类道岔	牵引点	道岔动程(mm)	配套转辙机	全主机	转辙机型号	转辙机物料编号	转辙机动程(mm)	转辙机转换力(kN)	机内用锁闭杆(表示杆)	配线	转换时间直流(交流)	胶管总成	安装装置图号	外锁图号
Sep-60	专线4194	专线4195、CZ578	J1	152	ZY(J)6		Y(J)1+ZY6	Y(J)1+ZY6	170	4	X2281. 440. 00		8. 5 (5. 5)	B2. 0	电号9125	
Sep-60	专线4204	专线(02)4204、CZ2557、CZ579	J1	152	ZY(J)6		Y(J)1+ZY6	Y(J)1+ZY6	170	4	X2281. 440. 00		8. 5 (5. 5)	B2. 0	S0512A	
Sep-60	三开道岔		J1	180	ZY(J)7		两台ZY(J)7-C1	ZY(J)7-C1/NST3+145-195	220	4. 2	X2281. 543. 00NX	ZYJ7-DY-9	11. 5 (7. 0)		S0686	
Sep-60	CZ577	SC390、交渡CZ580、交渡CZ581、交渡CZ582、交渡CZ583、交渡SC391	J1 J2	160 75	ZY(J)4		Y(J)1+ZY4 SH5	Y(J)1+ZY4 SH5	200 94	1. 8 4. 2	X2281. 440. 00 X2284. 440. 00		11. 5 (7. 5)	B2. 0 A4. 3	S0219	
Sep-60	铁联线051	铁联线051、铁联线052、铁联线053、CZ540	J1 J2	160 82	ZY(J)7		ZY(J)7 SH6-J	ZY(J)7/S1+160 SH6-J/B1+84	220 140	2. 5 4. 2	X2281. 544. 00F X2284. 510. 00F	ZYJ7-DY-3	13. 5 (9. 5)	A5. 5	S9825T9 S(15) 9825T9	S9904 S(15) 9904
Sep-60	铁联线051	铁联线051、铁联线052、铁联线053、CZ540	J1 J2	160 82	ZY(J)7	全主机	ZY(J)7 ZY(J)7-R	ZY(J)7/S2+160 ZY(J)7-R/B2+84	220 150	2. 5 4. 2	X2281. 544. 00F X2284. 510. 00F	均为ZYJ7-DY-1	7. 5 (5. 5)		S1512 (S1516)	S1515
Sep-60	城轨254		J1 J2	160 84	ZY(J)7		ZY(J)7 SH6-E	ZY(J)7/S1+160 SH6-E/B1+84	220 150	2. 5 4. 2	X2281. 544. 00F X2284. 510. 00F	ZYJ7-DY-3	14. 5 (10. 0)	A4. 95	01000-S-XH-12A	通号(13)9159
Sep-60	城轨255		J1 J2	160 84	ZY(J)7		ZY(J)7 SH6-E	ZY(J)7/S1+160 SH6-E/B1+84	220 150	2. 5 4. 2	X2281. 544. 00F X2284. 510. 00F	ZYJ7-DY-3	14. 5 (10. 0)	A4. 95	01000-S-XH-11A	通号(13)9159
Sep-60	CZ577	SC390、交渡CZ580、交渡CZ581、交渡CZ582、交渡CZ583、交渡SC391	J1 J2	160 75	ZY(J)7		ZY(J)7-F SH6-M1	ZY(J)7-F/NS1+145-195 SH6-M1/NB1+50-100	200 100	2. 5 4. 2	X2281. 543. 00NX X2284. 510. 00A	ZYJ7-DY-3	12. 0 (8. 5)	A5. 5	S1020	

续上表

道岔类别	道岔图号	同类道岔	牵引点	道岔动程(mm)	配套转辙机	全主机	转辙机型号	转辙机物料编号	转辙机动程(mm)	转辙机转换力(kN)	机内用锁闭杆(表示杆)	配线	转换时间直流(交流)	胶管总成	安装装置图号	外锁图号
Sep-60	CZ577	SC390、交渡CZ580、交渡CZ581、交渡CZ582、交渡CZ583、交渡SC391	J1 J2	160 75	ZY(J)7		ZY(J)7 SH6-J	ZY(J)7/S1+160 SH6-J/B1+75	220 140	2.5 4.2	X2281.544.00F X2284.513.00F	ZYJ7-DY-3	13.5 (9.5)	A5.5	S0224 S(12) 0227	S0222 S(14) 0226
Sep-60	CZ2505		J1 J2	160 75	ZY(J)7		ZY(J)7 SH6-J	ZY(J)7/S1+160 SH6-J/B1+75	220 140	2.5 4.2	X2281.544.00F X2284.513.00F	ZYJ7-DY-3	13.5 (9.5)	A5.5	S0320 S(17) 0320	S0319 S(17) 0319
Dec-75	专线 4304		J1 J2	160 75	ZY(J)7		ZY(J)7 SH6-E	ZY(J)7/S1+160 SH6-E/B1+75	220 150	2.5 4.2	X2281.544.00F X2284.513.00F	ZYJ7-DY-3	14.5 (10.0)	A6.1	S1302	S1301
Dec-75	铁研线 1116	研线 1121、CZ722	J1 J2	160 82	ZY(J)7		ZY(J)7 SH6-E	ZY(J)7/S1+160 SH6-E/B1+80	220 150	2.5 4.2	X2281.544.00F X2284.511.00F	ZYJ7-DY-3	14.5 (10.0)	A6.1	S(13) 1203	S(13) 1202
Dec-75	铁研线 9805	铁研线 9804、CZ702	J1 J2	160 80	ZY(J)7		ZY(J)7 SH6-J	ZY(J)7/S1+160 SH6-J/B1+80	220 140	2.5 4.2	X2281.544.00F X2284.511.00F	ZYJ7-DY-3	13.5 (9.5)	A6.7	SG9820A S(12) 9820	SG9819A S(12) 9819
Dec-75	SC559	CZ714、SC706	J1 J2	160 95	ZY(J)7		ZY(J)7 SH6-E	ZY(J)7/S1+160 SH6-E/B1+95	220 150	2.5 4.2	X2281.544.00F X2284.518.00F	ZYJ7-DY-3	14.5 (10.0)	A5.5	S0422J S(10) 0422	S0421J S(14) 0421
Dec-75	SC381	CZ713、SC443 交渡、SC655 单渡	J1 J2 X1 X2	160 95 125.4 77.5	ZY(J)7		ZY(J)7 SH6-E ZY(J)7 SH6-E1	ZY(J)7/S1+160 SH6-E/B1+95 ZY(J)7-A/S1+90-140 SH6-E1/1	220 150 220 150	2.5 4.2 2.5 4.2	X2281.544.00F X2284.518.00F X2281.545.00X	尖 ZYJ7-DY-3 心 ZYJ7-DY-3	尖 14.5 (10.0) 心 14.5 (10.0)	A5.5 A3.8	S0422 优化型: 尖轨 S(10) 0422 心轨 S (10) 0422X	S0421 优化型: 尖轨 S(14) 0421 心轨 S (13) 0421
Dec-75	研线 0722-100		J1 J2	160 80	ZY(J)7		ZY(J)7 SH6-E	ZY(J)7/S1+160 SH6-E/B1+80	220 150	2.5 4.2	X2281.544.00F X2284.511.00F	ZYJ7-DY-3	14.5 (10.0)	A5.5	S(08) 9820	S(08) 9819

续上表

道岔类别	道岔图号	同类道岔	牵引点	道岔动程(mm)	配套转辙机	全主机	转辙机型号	转辙机物料编号	转辙机动程(mm)	转辙机转换力(kN)	机内用锁闭杆(表示杆)	配线	转换时间直流(交流)	胶管总成	安装装置图号	外锁图号
75/15	研线 1408		J1 J2 J3	160 113 72	ZY(J)7		ZY(J)7 SH6-B SH6-E1	ZY(J)7/S1+160 SH6-B/B1+117 SH6-E1/1	220 170 150	2.5 2.5 4.2	X2281.544.00F X2284.590.00	ZYJ7-DY-5	19.5 (13.5)	G6.1 A5.5	S1409	S1408
75/18	研线 1303		J1 J2 J3	160 115 69	ZY(J)7		ZY(J)7 SH6-B SH6-E1	ZY(J)7/S1+160 SH6-B/B1+117 SH6-E1/1	220 170 150	2.5 2.5 4.2	X2281.544.00F X2284.590.00	ZYJ7-DY-5	19.5 (13.5)	G6.1 A6.1	S1417	S1416
75/18	研线 1320		J1 J2 J3	160 117 72	ZY(J)7		ZY(J)7 SH6-B SH6-E1	ZY(J)7/S1+160 SH6-B/B1+117 SH6-E1/1	220 170 150	2.5 2.5 4.2	X2281.544.00F X2284.590.00	ZYJ7-DY-5	19.5 (13.5)	G6.1 A5.5	S1307	S1306
75/18	专线 4305		J1 J2 J3	160 118 69	ZY(J)7		ZY(J)7 SH6-B SH6-E1	ZY(J)7/S1+160 SH6-B/B1+117 SH6-E1/1	220 170 150	2.5 2.5 4.2	X2281.544.00F X2284.590.00	ZYJ7-DY-5	19.5 (13.5)	G5.5 A6.1	S1304	S1303
75/18	SC488	CZ718	J1 J2 J3 X1 X2	160 121 75 103 60	ZY(J)7		ZY(J)7 SH6-B SH6-E ZY(J)7-A SH6-E1	ZY(J)7/S1+160 SH6-B/B1+117 SH6-E/B1+75 ZY(J)7-A/S1+90-140 SH6-E1/1	220 170 150 220 150	2.5 2.5 4.2 2.5 4.2	X2281.544.00F X2284.590.00 X2284.513.00F X2281.545.00X	尖 ZYJ7-DY-5 心 ZYJ7-DY-3	尖 19.5 (13.5) 心 14.5 (10.0)	G4.3 A4.95 A4.95	S0614 S(13) 0614	S0613 S(14) 0613
75/18	专线 4295	SC488 尖轨部分	J1 J2 J3	160 121 75	ZY(J)7		ZY(J)7 SH6-B SH6-E	ZY(J)7/S1+160 SH6-B/B1+117 SH6-E/B1+75	220 170 150	2.5 2.5 4.2	X2281.544.00F X2284.590.00 X2284.513.00F	尖 ZYJ7-DY-5	尖 19.5 (13.5)	G4.3 A4.95	S(13) 0614J	S(14) 0613J
Sep-75	SC550	CZ717、CZ551、CZ726	J1 J2	160 101	ZY(J)7		ZY(J)7 SH6-E	ZY(J)7/S1+160 SH6-E/B1+95	220 150	2.5 4.2	X2281.544.00F X2284.518.00F	ZYJ7-DY-3	14.5 (10.0)	A4.95	S0612 S(14) 0612	S0611 S(14) 0611
Sep-75	研线 9820	CZ704	J1 J2	160 82	ZY(J)7		ZY(J)7 SH6-J	ZY(J)7/S1+160 SH6-J/B1+80	220 140	2.5 4.2	X2281.544.00F X2284.511.00F	ZYJ7-DY-3	13.5 (9.5)	A4.95		

续上表

道岔类别	道岔图号	同类道岔	牵引点	道岔动程（mm）	配套转辙机	全主机	转辙机型号	转辙机物料编号	转辙机动程（mm）	转辙机转换力（kN）	机内用锁闭杆（表示杆）	配线	转换时间直流（交流）	胶管总成	安装装置图号	外锁图号
BWG 60/18	CN6118AB		J1 J2 J3 X1 X2	120 114 72 73 38	ZY(J)7	全主机	ZY(J)7 ZY(J)7-D ZY(J)7-R ZY(J)7 ZY(J)7-R	ZY(J)7/S3+120 ZY(J)7-D/B3+111 ZY(J)7-R/B3+72 ZY(J)7/S2+73 ZY(J)7-R/B2+38	220 220 150 220 150	2. 5 2. 5 4. 2 2. 5 4. 2	X2281. 552. 00F X2284. 592. 00 X2284. 519. 00F X2281. 558. 00F X2284. 594. 00	尖均为 ZYJ7-DY-9 心均为 ZYJ7-DY-1	7. 5 (5. 5)		S1544	
BWG 60/18	CN6118AS		J1 J2 J3 X1 X2	120 114 72 73 38	ZY(J)7	全主机	ZY(J)7 ZY(J)7-D ZY(J)7-R ZY(J)7 ZY(J)7-R	ZY(J)7/S3+120 ZY(J)7-D/B3+111 ZY(J)7-R/B3+72 ZY(J)7/S2+73 ZY(J)7-R/B2+38	220 220 150 220 150	2. 5 2. 5 4. 2 2. 5 4. 2	X2281. 552. 00F X2284. 592. 00 X2284. 519. 00F X2281. 558. 00F X2284. 594. 00	尖均为 ZYJ7-DY-9 心均为 ZYJ7-DY-1	7. 5 (5. 5)		S1107	
BWG 60/18	CN6118AT		J1 J2 J3 X1 X2	120 114 72 73 38	ZY(J)7	全主机	ZY(J)7 ZY(J)7-D ZY(J)7-R ZY(J)7 ZY(J)7-R	ZY(J)7/S3+120 ZY(J)7-D/B3+111 ZY(J)7-R/B3+72 ZY(J)7/S2+73 ZY(J)7-R/B2+38	220 220 150 220 150	2. 5 2. 5 4. 2 2. 5 4. 2	X2281. 552. 00F X2284. 592. 00 X2284. 519. 00F X2281. 558. 00F X2284. 594. 00	尖均为 ZYJ7-DY-9 心均为 ZYJ7-DY-1	7. 5 (5. 5)		S1540	
BWG 60/18	CN6118AB		J1 J2 J3 X1 X2	120 114 72 73 38	ZY(J)7		ZY(J)7 SH6-D SH6-E ZY(J)7 SH6-E	ZY(J)7/S1+120 SH6-D/B1+111 SH6-E/B2+72 ZY(J)7/S1+73 SH6-E/B1+38	220 220 150 220 150	2. 5 2. 5 4. 2 2. 5 4. 2	X2281. 552. 00F X2284. 592. 00 X2284. 519. 00F X2281. 558. 00F X2284. 594. 00	尖 ZYJ7- DY-11 心 ZYJ7- DY-3	尖 18. 0 (14. 0) 心 14. 5 (10. 0)	G6. 7 A7. 3 A3. 8	S1546	
BWG 60/18	CN6118AS		J1 J2 J3 X1 X2	120 114 72 73 38	ZY(J)7		ZY(J)7 SH6-D SH6-E ZY(J)7 SH6-E	ZY(J)7/S1+120 SH6-D/B1+111 SH6-E/B2+72 ZY(J)7/S1+73 SH6-E/B1+38	220 220 150 220 150	2. 5 2. 5 4. 2 2. 5 4. 2	X2281. 552. 00F X2284. 592. 00 X2284. 519. 00F X2281. 558. 00F X2284. 594. 00	尖 ZYJ7- DY-11 心 ZYJ7- DY-3	尖 18. 0 (14. 0) 心 14. 5 (10. 0)	G6. 7 A7. 3 A3. 8	S1308	

续上表

道岔类别	道岔图号	同类道岔	牵引点	道岔动程(mm)	配套转辙机	全主机	转辙机型号	转辙机物料编号	转辙机动程(mm)	转辙机转换力(kN)	机内用锁闭杆(表示杆)	配线	转换时间直流(交流)	胶管总成	安装装置图号	外锁图号
BWG 60/18	CN6118AT		J1	120	ZY(J)7		ZY(J)7	ZY(J)7/S1+120	220	2.5	X2281.552.00F	尖 ZYJ7-DY-11 心 ZYJ7-DY-3	尖 18.0 (14.0) 心 14.5 (10.0)	G6.7 A7.3 A3.8	S1542	
			J2	114			SH6-D	SH6-D/B1+111	220	2.5	X2284.592.00					
			J3	72			SH6-E	SH6-E/B2+72	150	4.2	X2284.519.00F					
			X1	73			ZY(J)7	ZY(J)7/S1+73	220	2.5	X2281.558.00F					
			X2	38			SH6-E	SH6-E/B1+38	150	4.2	X2284.594.00					
BWG 60/42	CN6142AT		J1	120	ZY(J)7	全主机	ZY(J)7	ZY(J)7/S3+120	220	2.5	X2281.552.00F	尖均为 ZYJ7-DY-9 心均为 ZYJ7-DY-1	7.5 (5.5)		S1549	
			J2	120			ZY(J)7-D	ZY(J)7-D/B3+117	220	2.5	X2284.590.00					
			J3	120			ZY(J)7-D	ZY(J)7-D/B3+117	220	2.5	X2284.590.00					
			J4	120			ZY(J)7-D	ZY(J)7-D/B3+117	220	2.5	X2284.590.00					
			J5	114			ZY(J)7-D	ZY(J)7-D/B3+111	220	2.5	X2284.592.00					
			J6	72			ZY(J)7-R	ZY(J)7-R/B3+72	150	4.2	X2284.519.00F					
			X1	94.6			ZY(J)7-Z	ZY(J)7-Z/S2+95	240	2.5	X2281.559.00F					
			X2	71.1			ZY(J)7-D	ZY(J)7-D/B2+72	220	2.5	X2284.595.00					
			X3	37.1			ZY(J)7-R	ZY(J)7-R/B2+38	150	4.2	X2284.594.00					
BWG 60/42	CN6142AS		J1	120	ZY(J)7	全主机	ZY(J)7	ZY(J)7/S3+120	220	2.5	X2281.552.00F	尖均为 ZYJ7-DY-9 心均为 ZYJ7-DY-1	7.5 (5.5)		S1108	
			J2	120			ZY(J)7-D	ZY(J)7-D/B3+117	220	2.5	X2284.590.00					
			J3	120			ZY(J)7-D	ZY(J)7-D/B3+117	220	2.5	X2284.590.00					
			J4	120			ZY(J)7-D	ZY(J)7-D/B3+117	220	2.5	X2284.590.00					
			J5	114			ZY(J)7-D	ZY(J)7-D/B3+111	220	2.5	X2284.592.00					
			J6	72			ZY(J)7-R	ZY(J)7-R/B3+72	150	4.2	X2284.519.00F					
			X1	94.6			ZY(J)7-Z	ZY(J)7-Z/S2+95	240	2.5	X2281.559.00F					
			X2	71.1			ZY(J)7-D	ZY(J)7-D/B2+72	220	2.5	X2284.595.00					
			X3	37.1			ZY(J)7-R	ZY(J)7-R/B2+38	150	4.2	X2284.594.00					
UIC 60/11	SCW2126		J1	160	ZY(J)7		ZY(J)7-K	ZY(J)7-K/NS1+145-195	180	2.5	X2281.543.00NX	ZYJ7-DY-3	12.0 (8.5)	A4.95	SA2201	
			J2	83			SH6-L	SH6-L/NB1+50-100	120	4.2	X2284.510.00A					

续上表

道岔类别	道岔图号	同类道岔	牵引点	道岔动程(mm)	配套转辙机	全主机	转辙机型号	转辙机物料编号	转辙机动程(mm)	转辙机转换力(kN)	机内用锁闭杆(表示杆)	配线	转换时间直流(交流)	胶管总成	安装装置图号	外锁图号
UIC 60/18	SCW2038		J1 J2	160 78	ZY(J)7		ZY(J)7-K SH6-L	ZY(J)7-K/NS1+145-195 SH6-L/NB1+50-100	180 120	2.5 4.2	X2281.543.00NX X2284.510.00A	ZYJ7-DY-3	12.0 (8.5)	A7.3	SA2002	
UIC 60/9	SCW2039		J1 J2	160 91	ZY(J)7		ZY(J)7-K SH6-L	ZY(J)7-K/NS1+145-195 SH6-L/NB1+50-100	180 120	2.5 4.2	X2281.543.00NX X2284.510.00A	ZYJ7-DY-3	12.0 (8.5)	A4.3	SA2001	
复交 43/9	叁标线 6022		J1 X1	152 90	ZY(J)7		Y(J)5+ZYS7 SHS6	Y(J)5+ZYS7 SHS6	2× 170 130	2× 2.5 4.0	X2281.543.00SG+ X2281.544.00SG X2281.545.00NX		17.0 (13.0)	A2.0 A10.0	S0622	
复交 50/12	专线 (04)6090	CZ2278	J1 X1	152 90	ZY(J)7		Y(J)5+ZYS7 SHS6	Y(J)5+ZYS7 SHS6	2× 170 130	2× 2.5 4.0	X2281.543.00SG+ X2281.544.00SG X2281.545.00NX		17.0 (13.0)	A2.0 A13.5	S1354	
复交 50/12	CZ2220		J1 X1	152 90	ZY(J)7		Y(J)5+ZYS7 SHS6	Y(J)5+ZYS7 SHS6	2× 170 130	2× 2.5 4.0	X2281.543.00SG+ X2281.544.00SG X2281.545.00NX		17.0 (13.0)	A2.0 A13.5	S0654	
复交 50/12	CZ2220		J1 X1	152 90	ZY(J)7	全主机	Y(J)5+ZYS7 ZY(J)7-V	Y(J)5+ZYS7 ZY(J)7-V/NS2+80-130	2× 170 130	2× 2.5 4.0	X2281.543.00SG+ X2281.544.00SG X2281.545.00NX	尖 ZYJ7S-DY-15 心 ZYJ7-DY-1	10.5 (8.0) 7.5 (5.5)	A2.0	S0654Q	
复交 50/12	专线 6058	专线 6059、专线 6060、CZ252	J1 X1	152 90	ZY(J)6		Y(J)1+ZY6 ZY4-P	Y(J)1+ZY6 ZY4-P	170 130	4.0 2.5	X2281.440.00 X2281.441.00		12.5 (8.5)	B2.0 A13.5	通号(01)9172N	
复交 50/12	专线 (04)6090	CZ2278	J1 X1	152 90	ZY(J)6		Y(J)1+ZY6 ZY4-P	Y(J)1+ZY6 ZY4-P	170 130	4.0 2.5	X2281.440.00 X2281.441.00		12.5 (8.5)	B2.0 A13.5	S0770	
复交 50/12	CZ2220		J1 X1	152 90	ZY(J)6		Y(J)1+ZY6 ZY4-P	Y(J)1+ZY6 ZY4-P	170 130	4.0 2.5	X2281.440.00 X2281.441.00		12.5 (8.5)	B2.0 A13.5	S0765	

续上表

道岔类别	道岔图号	同类道岔	牵引点	道岔动程(mm)	配套转辙机	全主机	转辙机型号	转辙机物料编号	转辙机动程(mm)	机转换力(kN)	机内用锁闭杆(表示杆)	配线	转换时间直流(交流)	胶管总成	安装装置图号	外锁图号
复交 50/9	专线 6054	专线 6055、专线 6056、CZ230	J1 X1	152 90	ZY(J)6		Y(J)1+ZY6 ZY4-P	Y(J)1+ZY6 ZY4-P	170 130	4.0 2.5	X2281.440.00 X2281.441.00		12.5 (8.5)	B2.0 A10.0	通号(01)9173N	
复交 50/9	CZ2237	CZ2214	J1 X1	152 90	ZY(J)6		Y(J)1+ZY6 ZY4-P	Y(J)1+ZY6 ZY4-P	170 130	4.0 2.5	X2281.440.00 X2281.441.00		12.5 (8.5)	B2.0 A10.0	S0776	
复交 50/9	专线 (04)6091	CZ2276	J1 X1	152 90	ZY(J)6		Y(J)1+ZY6 ZY4-P	Y(J)1+ZY6 ZY4-P	170 130	4.0 2.5	X2281.440.00 X2281.441.00		12.5 (8.5)	B2.0 A10.0	S0771	
复交 50/9	CZ2237	CZ2214	J1 X1	152 90	ZY(J)7	全主机	Y(J)5+ZYS7 ZY(J)7-V	Y(J)5+ZYS7 ZY(J)7-V/NS2+80-130	2× 170 130	2× 2.5 4.0	X2281.543.00SG+ X2281.544.00SG X2281.545.00NX	尖 ZYJ7S-DY-15 心 ZYJ7-DY-1	10.5 (8.0) 7.5 (5.5)	A2.0	S0652Q	
复交 50/9	叁标线 6016-6018		J1 X1	152 90	ZY(J)7		Y(J)5+ZYS7 SHS6	Y(J)5+ZYS7 SHS6	2× 170 130	2× 2.5 4.0	X2281.543.00SG+ X2281.544.00SG X2281.545.00NX		17.0 (13.0)	A2.0 A10.0	S0626	
复交 50/9	CZ2237	CZ2214	J1 X1	152 90	ZY(J)7		Y(J)5+ZYS7 SHS6	Y(J)5+ZYS7 SHS6	2× 170 130	2× 2.5 4.0	X2281.543.00SG+ X2281.544.00SG X2281.545.00NX		17.0 (13.0)	A2.0 A10.0	S0652	
复交 50/9	专线 (04)6091	CZ2276	J1 X1	152 90	ZY(J)7		Y(J)5+ZYS7 SHS6	Y(J)5+ZYS7 SHS6	2× 170 130	2× 2.5 4.0	X2281.543.00SG+ X2281.544.00SG X2281.545.00NX		17.0 (13.0)	A2.0 A10.0	S1352	
复交 60/11	SC434		J1 X1	152 90	ZY(J)6		Y(J)1+ZY6 ZY4-P	Y(J)1+ZY6 ZY4-P	170 130	4.0 2.5	X2281.440.00 X2281.441.00		12.5 (8.5)	B2.0 A13.5	S0462	
复交 60/11	SC434		J1 X1	152 90	ZY(J)7		Y(J)5+ZYS7 SHS6	Y(J)5+ZYS7 SHS6	2× 170 130	2× 2.5 4.0	X2281.543.00SG+ X2281.544.00SG X2281.545.00NX		17.0 (13.0)	A2.0 A13.5	S0646X	
复交 60/12	CZ2529		J1 X1	152 90	ZY(J)7		Y(J)5+ZYS7 SHS6	Y(J)5+ZYS7 SHS6	2× 170 130	2× 2.5 4.0	X2281.543.00SG+ X2281.544.00SG X2281.545.00NX		17.0 (13.0)	A2.0 A13.5	S0658	

续上表

道岔类别	道岔图号	同类道岔	牵引点	道岔动程(mm)	配套转辙机	全主机	转辙机型号	转辙机物料编号	转辙机动程(mm)	转辙机转换力(kN)	机内用锁闭杆(表示杆)	配线	转换时间直流(交流)	胶管总成	安装装置图号	外锁图号
复交 60/12	CZ2529		J1 X1	152 90	ZY(J)7	全主机	Y(J)5+ZYS7 ZY(J)7-V	Y(J)5+ZYS7 ZY(J)7-V/NS2+80-130	2× 170 130	2× 2.5 4.0	X2281.543.00SG+ X2281.544.00SG X2281.545.00NX	尖 ZYJ7S-DY-15 心 ZYJ7-DY-1	10.5 (8.0) 7.5 (5.5)	A2.0	S0658Q	
复交 60/12	专线 6081	专线 6082、专线 6083、CZ566	J1 X1	152 90	ZY(J)6		Y(J)1+ZY6 ZY4-P	Y(J)1+ZY6 ZY4-P	170 130	4.0 2.5	X2281.440.00 X2281.441.00		12.5 (8.5)	B2.0 A13.5	通号(01)9170N	
复交 60/12	CZ2529		J1 X1	152 90	ZY(J)6		Y(J)1+ZY6 ZY4-P	Y(J)1+ZY6 ZY4-P	170 130	4.0 2.5	X2281.440.00 X2281.441.00		12.5 (8.5)	B2.0 A13.5	S0660	
复交 60/12	SC350	CZ2651	J1 J2 X1	145 89 (84) 80	ZY(J)7		ZY(J)7-B SH6-H ZY(J)7-C	ZY(J)7-B/S1+145 SH6-H/B1+88 ZY(J)7-C/S2+50-100	220 150 220	4.2 5.0 4.2	X2281.556.00F X2284.591.00 X2281.546.00X	尖 ZYJ7-DY-3 心 ZYJ7-DY-1	尖 24.0 (15.0) 心 11.5 (7.0)	A4.3	S0304A	S0304A
复交 60/12	SC350	CZ2651	J1 J2 X1	145 89 (84) 80	ZY(J)7		ZY(J)7-B SH6-H ZY(J)7-B	ZY(J)7-B/S1+145 SH6-H/B1+88 ZY(J)7-B/S2+80	220 150 220	4.2 5.0 4.2	X2281.556.00F X2284.591.00 X2281.548.00JF	尖 ZYJ7-DY-3 心 ZYJ7-DY-1	尖 24.0 (15.0) 心 11.5 (7.0)	A4.3	S(13) 0460A (S1462A)	S(13) 0460 (S1462)
复交 60/12	SC350	CZ2651	J1 J2 X1	145 89 (84) 80	ZY(J)7	全主机	ZY(J)7-B ZY(J)7-T ZY(J)7-B	ZY(J)7-B/S2+145 ZY(J)7-T/B2+88 ZY(J)7-B/S2+80	220 150 220	4.2 5.0 4.2	X2281.556.00F X2284.591.00 X2281.548.00JF	均为 ZYJ7-DY-1	尖 12.5 (8.0) 心 11.5 (7.0)		S(16) 1323	S(13) 0460 (S1462)
复交 60/12	CZ2529		J1 X1	152 90	ZY(J)7	全主机	ZY(J)7-P ZY(J)7-V	ZY(J)7-P/NS3+120-170 ZY(J)7-V/NS2+80-130	170 130	4.2 4.2	X2281.544.00NX X2281.545.00NX	尖 ZYJ7-DY-9 心 ZYJ7-DY-1	7.5 (5.5)		S0763	
复交 60/9	CZ2504		J1 X1	152 90	ZY(J)7	全主机	Y(J)5+ZYS7 ZY(J)7-V	Y(J)5+ZYS7 ZY(J)7-V/NS2+80-130	2× 170 130	2× 2.5 4.0	X2281.543.00SG+ X2281.544.00SG X2281.545.00NX	尖 ZYJ7S-DY-15 心 ZYJ7-DY-1	10.5 (8.0) 7.5 (5.5)	A2.0	S0644Q	

续上表

道岔类别	道岔图号	同类道岔	牵引点	道岔动程(mm)	配套转辙机	全主机	转辙机型号	转辙机物料编号	转辙机动程(mm)	转辙机转换力(kN)	机内用锁闭杆(表示杆)	配线	转换时间直流(交流)	胶管总成	安装装置图号	外锁图号
复交 60/9	专线 6043- 6045		J1 X1	152 90	ZY(J)7		Y(J)5+ZYS7 SHS6	Y(J)5+ZYS7 SHS6	2× 170 130	2× 2.5 4.0	X2281.543.00SG+ X2281.544.00SG X2281.545.00NX		17.0 (13.0)	A2.0 A10.0	S0636	
复交 60/9	CZ2504		J1 X1	152 90	ZY(J)7		Y(J)5+ZYS7 SHS6	Y(J)5+ZYS7 SHS6	2× 170 130	2× 2.5 4.0	X2281.543.00SG+ X2281.544.00SG X2281.545.00NX		17.0 (13.0)	A2.0 A10.0	S0644	
复交 60/9	SC450		J1 X1	152 90	ZY(J)7		Y(J)5+ZYS7 SHS6	Y(J)5+ZYS7 SHS6	2× 170 130	2× 2.5 4.0	X2281.543.00SG+ X2281.544.00SG X2281.545.00NX		17.0 (13.0)	A2.0 A10.0	S0644	
复交 60/9	CZ2504		J1 X1	152 90	ZY(J)7	全主机	ZY(J)7-P ZY(J)7-V	ZY(J)7-P/NS2+120-170 ZY(J)7-V/NS2+80-130	170 130	4.2 4.2	X2281.544.00NX X2281.545.00NX	均为 ZYJ7-DY-1	7.5 (5.5)		S(Y7) 0307 S0664	
复交 60/9	SC450		J1 X1	152 90	ZY(J)7	全主机	ZY(J)7-P ZY(J)7-V	ZY(J)7-P/NS3+120-170 ZY(J)7-V/NS2+80-130	170 130	4.2 4.2	X2281.544.00NX X2281.545.00NX	尖 ZYJ7- DY-9 心 ZYJ7- DY-1	7.5 (5.5)		S(Y7) 0663	
复交 60/9	CZ2504		J1 X1	152 90	ZY(J)6		Y(J)1+ZY6 ZY4-P	Y(J)1+ZY6 ZY4-P	170 130	4.0 2.5	X2281.440.00 X2281.441.00		12.5 (8.5)	B2.0 A10.0	S0307N	
复交 60/9	专线 6077	专线 6078、专线 6079、专线 6080、CZ2518	J1 X1	152 90	ZY(J)6		Y(J)1+ZY6 ZY4-P	Y(J)1+ZY6 ZY4-P	170 130	4.0 2.5	X2281.440.00 X2281.441.00		12.5 (8.5)	B2.0 A10.0	通号 (01) 9169N	
复交 60/9	SC450		J1 X1	152 90	ZY(J)6		Y(J)1+ZY6 ZY4-P	Y(J)1+ZY6 ZY4-P	170 130	4.0 2.5	X2281.440.00 X2281.441.00		12.5 (8.5)	B2.0 A10.0	S0663	

续上表

道岔类别	道岔图号	同类道岔	牵引点	道岔动程(mm)	配套转辙机	全主机	转辙机型号	转辙机物料编号	转辙机动程(mm)	转辙机转换力(kN)	机内用锁闭杆(表示杆)	配线	转换时间直流(交流)	胶管总成	安装装置图号	外锁图号
复交75/12	SC547		J1 X1	152 90	ZY(J)6		Y(J)1+ZY6 ZY4-P	Y(J)1+ZY6 ZY4-P	170 130	4.0 2.5	X2281.440.00 X2281.441.00		12.5 (8.5)	B2.0 A13.5	S0761	
复交75/12	SC547		J1 X1	152 90	ZY(J)7		Y(J)5+ZYS7 SHS6	Y(J)5+ZYS7 SHS6	2× 170 130	2× 2.5 4.0	X2281.543.00SG+ X2281.544.00SG X2281.545.00NX		17.0 (13.0)	A2.0 A13.5	S1758	
复交75/9	SC555		J1 X1	152 90	ZY(J)6		Y(J)1+ZY6 ZY4-P	Y(J)1+ZY6 ZY4-P	170 130	4.0 2.5	X2281.440.00 X2281.441.00		12.5 (8.5)	B2.0 A10.0	S0762	